Abenteuer hinter dem Gartenzaun

Petra Somberg-Romanski

2023

Abenteuer hinter dem Gartenzaun

Meine unentdeckte Heimat

Petra Somberg-Romanski

Reisegeschichten und Anekdoten

Herstellung und Verlag: BoD – Books on Demand, Norderstedt
ISBN: 9783750497856

Inhaltverzeichnis

Die Mauer ist weg

Der 09. November 1989, ist ein Schicksalstag für Deutschland. Jeder von uns Zeitzeugen wird noch wissen, wo er an diesem Tag war und was er an diesem Tag getan hat. Ich habe im Fernsehen verfolgt, wie die Menschen sich am Abend vor der Grenze im Osten der Stadt Berlin versammelt haben und in großen Gruppen Richtung Brandenburger Tor und den wenigen Übergängen nach Westberlin marschierten. Diskussionen, voller Hoffnung, aber auch Zweifel, Neugier, Abenteuer auch Ängste und Ablehnung. Alles war in den Bildern zu finden.

Herbert und ich waren eher Betrachter der Situation. Herbert hatte gar keine Beziehung in die DDR und meine Kontakte, zu den mir persönlich unbekannten Verwandten meines Vaters, waren eher sporadisch und lagen schon länger zurück. Natürlich wurde in der Familie diskutiert, ebenso im Freundeskreis und bei der Arbeit. Wird die Grenze dauerhaft geöffnet und gibt es eine Wende? Was wird passieren? Etwas Gutes oder zahlen wir ordentlich drauf? Was wird es kosten? Wird es einen Aufstand oder wird es einen Krieg geben? Aber Skepsis wurde nicht geduldet. Meine Kollegin und Freundin Doris hielt mir, auf meine Einwände und Sorgen die ich zu diesem Zeitpunkt hegte vor, es könne ja wohl nicht sein, dass ich den Menschen „drüben" nicht gönnen würde, auch einfach mal nach Holland zu fahren und Schnitzel oder Matjes zu essen! Woher das Geld käme? Das würde sich finden. Alles war in diesen Tagen möglich. So einfach erschien die Welt 1989. Dann gab Günter Schabowski dieses denkwürdige Interview mit dem Zitat "Öffnung? Sofort, unverzüglich!" und die Schlagbäume gingen auf.

Kurz vor Weihnachten kam Uwe, unser Sohn mit der Überlegung, „was wird nach den Weihnachtstagen passieren, wenn alles ein- und verkauft ist, die Verwandten langsam wieder auf den Wecker fallen und die Politiker zum Nachdenken kommen? Die machen die Grenze wieder dicht und wir waren nicht mal drüben, nur so zu gucken". Er hatte seit ein paar Monaten seinen Führerschein und war sicher auch neugierig, wie es sich „drüben" wohl so fährt. Es wäre doch auch eine wunderbare Gelegenheit für ihn, mal eine längere Tour zu fahren. Herbert winkte sofort ab, keine Interesse. Das Reisen, wenn es nicht gerade in die Dolomiten zum Skifahren ging, machten ihm so gar keinen Spaß. Ich war nachdenklicher. Das könnte spannend werden, wir könnten über Gotha fahren, da hatte ich eine Tante und dann weiter nach Berlin. Der Gedanke nur einmal die Grenze von Ostberlin nach Westberlin und nicht umgekehrt zu überqueren hinterließ ein leicht prickelndes Gefühl von Freiheit und Abenteuer.

Wir beschlossen immer voraus gesetzt, dass die Wege noch frei sind, wir fahren am Ende Januar/Anfang Februar mit dem Auto, meinem geliebten Charlie, ein weißen R4 Sparmobil der Firma Renault, über die DDR Grenze nach Berlin.

Unser Reisetag war ein typischer Wintertag. Es lag kein Schnee und die Temperatur war auch auszuhalten. Wir packten unser Auto für 4 Tage. Übernachten wollten wir in einem DDR Hotel. Geld wurde getauscht. 1 DM gegen 6 Ostmark. 100 Mark = 600 Ostmark, das konnte doch gar nicht wahr sein, damit sollte es sich wohl gut gehen lassen. Herbert der praktische Denker nötigte uns warme Sachen mitzunehmen, man weiß ja nie. Uwe besaß einen Schlafsack und war so gut ausgestattet. Ich bekam eine Steppdecke und ein Kopfkissen mit. Brote, Obst und heißer Kaffee vervollständigten unsere Lunch Box. So gingen wir auf die Reise in das für uns fremdeste und unbekannteste Land, das wir uns vorstellen konnten.

Der Anfang war easy, über die Autobahn Bad Hersfeld in Richtung Erfurt /Gotha. Eisenach. Die Wartburg war unser erster Haltepunkt. Auf der Wartburg, auch zu DDR Zeiten schon ein lohnendes Ausflugsziel. Es wimmelte von Menschen aus Westdeutschland. Ein Lindwurm von Schaulustigen zog zur Burg hinauf, der Parkplatz rappelvoll. Ein leichtes Eroberungsgefühl beschlich mich, die Leute sparten nicht mit Kommentaren, „alles sowieso von Westdeutschland bezahlt", da muss man sich natürlich nicht mehr zurück halten und kann selbst auch endlich im Osten frei seine Meinung sagen. Nach der Besichtigung der Burg. Pflichtgemäß wurde natürlich auch Luthers Arbeitszimmer mit dem bekannten Tintenfleck an der Wand bestaunt und die weiteren Räume durchschritten. Sängerkrieg auf der Wartburg, ach ja hatte man auch von gehört. Oder auch nicht. Die Führung endete im Burg Verkaufsraum. Alles was noch im Lager versteckt auf Kunden mit Westwährung gewartet hatte, lag jetzt vor der Kundschaft. Räuchermännchen und Weihnachtsschmuck aus dem Erzgebirge, wo lag das noch mal? Keine Ahnung, egal 60 Ostmark? 10 DM gekauft. Ich muss gestehen ich habe auch ein Räuchermännchen und die Kopie einer Kachel von Luthers Ofen gekauft. Die Ostmark mussten ja auch ausgegeben werden. Auf der Wartburg gab es ein Café, ein großer Raum mit Plastikbestuhlung, der an einen Wartesaal erinnerte. Es war rappelvoll, aber wir fanden einen Platz und bestellten Kaffee und Kuchen. Es handelte sich um einen giftgrünen Kuchen aus Wackelpudding auf einem dünnen Teig. Aber doch lecker. Um uns herum Gewusel und eine erhebliche Geräuschkulisse. Laute Stimmen:" Frollein ich möchte zahlen"! Der dicke Herr vom Nebentisch rief laut über alle Tische hinweg nach der Bedienung. „Wieviel kostet das 12,82M? Machen sie 15,00DM das bisschen zahl ich doch in WEST". Lachen an den Nebentischen. Poa! ist das billig hier, da kann man ja die ganze Republik kaufen! Wie sehr das der Wahrheit entsprach wussten wir zu diesem Zeitpunkt alle noch nicht.

Unsere Fahrt ging nach dem Kaffeetrinken weiter. Aber erst musste das Auto nachgetankt werden. Wir verließen die Autobahn und reihten und in eine lange Schlange vor einer Minol Tankstelle ein. Ich stieg kurz aus um mir einen Überblick zu verschaffen und zu prüfen wie lange es wohl dauern würde. Dann bekam ich einen heftigen Disput mit. Drei westdeutschen Fahrzeugen wurde die Zufahrt zur Tankstelle versperrt und sie wurden heftig verbal angegriffen. Sie sollen doch auf der Autobahn an den Intertankstellen tanken, da wird der Sprit in DM berechnet. Die Westdeutschen kämen einfach nur in den DDR um sich billig zu versorgen. Die Menschen waren aufgebracht und mir wurde es etwas mulmig, denn das war ja vollkommen richtig, wir benahmen uns wie Eroberer. Uwe und ich mit eingeschlossen. Die Menschen waren zu Recht aufgebracht. Aber ich wollte ja auch tanken und hatte ein Westdeutsches Kennzeichen. Aber ich hatte keine Probleme. Man schob mein Auto sogar mit weiter, eine übliche Methode in der ehemaligen DDR um in der Schlange nicht immer wieder neu starten zu müssen. Allerding auch mit, aber freundlichen, Kommentaren. „Im Westen sind wohl auch nicht alle reich, wenn du so eine rostige, alte Karre fahren musst? Du Arme, kommst du dich sattessen"? Wir, mein Charlie und ich haben es stumm ertragen. Nach dem Tanken ging es weiter nach Gotha, eine schöne Stadt in Thüringen, dort wohnte meine Tante Erda, eine Cousine meines Vaters. Die gesamte Familie väterlicher bzw. großväterlicher Seite lebte und lebt in Thüringen und Sachsen. Nur meinen Großvater hat es nach dem ersten Weltkrieg, der Liebe wegen, in das Ruhrgebiet verschlagen. Aber das ist wieder eine andere Geschichte.

Mein Tante Erda kannte ich nur aus einem regelmäßigen Briefverkehr in den 60ger und 70ger Jahren. Es ging der gesamten Familie nicht schlecht in der DDR, man hatte sich eingerichtet. Onkel und Tante waren im gehobenen Diensten der Volkspolizei. Der Onkel wurde auch mit dem Verdienstorden der Republik ausgezeichnet. Er war zur Wendezeit schon längst verstorben. Es war wohl besser so, denn ich vermute, er hätte so einen einschneidenden Umschwung nicht ohne weiteres verkraftet. Ich war wohl, eine Zeitlang, eine der wenigen Bundesbürgerinnen, die zu Weihnachten Päckchen AUS der Zone bekommen hat. Diese Päckchen enthielten Liegnitzer Bomben und Thüringer Baumkuchen und vieles mehr. Für mich allein gab es auch immer den einzigartigen Schokoladenersatz,

Schlagersüßtafeln. Diese waren für mich außerordentlich gut verträglich, weil sie keinerlei Kakao oder Kakaobutter enthielten. Ich reagiere auf Kakao allergisch. Ich vermisse die Süßtafel sehr, das echte Original gibt es leider nicht mehr.

Als ich 1979 in den Justizdienst eintrat und Beamtin wurde, legte man mir nahe den Briefkontakt zu meiner Tante einzuschränken, am besten gleich gänzlich abzubrechen. Ich schrieb meiner Tante einen letzten Brief, sie konnte die Gründe nachvollziehen, verstand mich gut und wünschte mir alles Gute

Tante Erda war zu Hause und hieß uns herzlich willkommen. Sie bewohnte allein eine sehr schöne große Wohnung und wurde von der Stadt Gotha sehr gut betreut. Ihr Mann war im Polizeidienst gewesen und Träger des großen Verdienstordens der DDR. 1990 war er bereits seit fast 20 Jahre tot. Tante Erda freute sich aufrichtig über unseren Besuch, denn sie hatte kaum noch Kontakte. Seit dem Schicksalstag im November, war ihre bis dahin heile Welt zusammengebrochen. Sie wusste nicht wie es mit ihr weitergehen würde. Die Wohnung war ihr schon gekündigt und die Betreuung durch den Staat sollte beendet werden. Sie bot uns ein Nachtlager an, da es mittlerweile 17.00 Uhr und stockdunkel war. Wir wollten aber an diesem Tag noch nach Berlin, um dort bei meiner Cousine mütterlicherseits, die mit ihrem Mann seit ihrer Studienzeit in den 60gern in Berlin lebte. Wir verabschiedeten und herzlich von der Tante. Wir haben sie nicht wiedergesehen. Drei Jahre später starb sie verbittert. Sie hat die Wende und Umschwung nicht mehr reflektieren und akzeptieren können. Ihre Welt war untergegangen.

Wir fuhren also weiter in Richtung Treuenbrietzen nach Berlin. Es hatte zu stürmen und zu regnen begonnen und auf der Autobahn, dem Berliner Ring, ging plötzlich gar nichts mehr. Es war schon fast 20.00 Uhr. Wir parkten in einer der Wendebuchten auf der Autobahn, die eigentlich für die Leute gedacht waren, die sich zu weit an die Westgrenze gewagt hatten und hier umkehren mussten. Unser kleiner Wagen wurde ziemlich geschüttelt und der Regen prasselte auf unser dünnes Blechdach. Charly stemmte sich aber tapfer gegen die Naturgewalten. Ich hatte ein schlechtes Gefühl, was wenn die Polizei käme und uns verhafte. Uwe meinte, „o.k., dann haben wir es wenigstens warm"! Auch wartete Herbert immer noch auf unseren Anruf, wir fanden aber einfach kein Telefon. Auch unser Vorhaben in einen Hotel hier zu übernachten konnten wir vergessen. Es gab die kleinen Pensionen und Hotels, die wir uns so blauäugig vorgestellt hatten, leider gar nicht. Uwe machte das herzlich wenig aus .Entschieden wies er darauf hin, er könne nicht mehr weiterfahren, es sei ihm zu dunkel, wenn ich wolle – dann bitte-. Ich wollte auch nicht mehr. Also bleiben wir auf dem Wendeplatz stehen. Er machte es sich in seinem Schlafsack auf der Rückbank bequem und bald hörte man nur noch sein Schnarchen. Der Sturm wurde immer heftiger und unheimlicher, die Bäume um uns herum krachten und der eine oder andre Ast fiel neben dem Auto auf den Boden. Nach und nach füllte sich der Wendeplatz mit weiteren Fahrzeugen. Selbst große LKW konnten nicht weiterfahren. Also richtete ich mich ebenfalls auf dem Vordersitz für die Nachtruhe ein. Ich war sehr dankbar, dass Herbert mir die Steppdecke aufgeschwatzt hatte. Ich lag zwischenLenkrad und Schaltung lange nicht so bequem wie mein Herr Sohn, aber es war warm und heimelig und ich schlief auch bald ein. Das Motorengeräusch eines LKW weckte mich, der Brummifahrer ließ den Motor laufen um Strom für seinen Wagen zu bekommen, das war ziemlich laut und nervig. Ich wuselte mich aus meiner Decke und fuhr unseren Wagen ein Stück weiter, um wieder Ruhe zu haben. Kurz noch im Gebüsch verschwunden und dann, ach ja wir haben ja Kaffee und Brote dabei, saß ich wieder eingemummelt in meiner Steppdecke im Auto und biss in mein Butterbrot und trank Kaffee. Ich fühlte einen inneren Frieden, alles um mich herum war wieder ruhig und friedlich, keine Häuser, nur Natur. Im Osten ging zwischen den kahlen Bäumen eine rotgoldene Sonne auf und versprach einen schönen Wintertag. Diesen Moment, dieses wohlige Gefühl das alles gut und richtig ist, werde ich nie mehr vergessen. Er ist eine kostbare Erinnerung.

Plötzlich, ich hing noch meinen Gedanken nach, klopfte es heftig an unser Wagenfenster. Der Schock fuhr mir in alle Glieder, vor dem Auto stand ein Polizeiauto und kleiner dicker Mann in der Uniform der DDR Volkspolizei und rief „hallo geht es ihnen gut ist alles in Ordnung"? Ich war verstummt, konnte mich nicht sofort rühren. Volkspolizei? Was passiert jetzt mit uns, verhaftet, verschwunden, verschleppt. Von der Rückbank kam die verschlafene Frage, „was ist denn los sind wir überfallen worden"? Ich wollte aber keine dummen Fragen beantworten, von keiner Seite. Der Polizist ließ aber nicht locker und so öffnete ich langsam das Fenster und fragte was ich denn falsch gemacht habe. Der Polizist war sehr freundlich, das hatte ich gar nicht erwartet. Er fragte uns nach unserem Befinden, ob alles o.k. ist. Der Sturm habe in der Nacht so viel Schaden angerichtet, dass sie jetzt alle Autobahnen abfahren, um evtl. Hilfe zu leisten. Bei uns war alles o.k. Er verabschiedete sich und fuhr mit seinem Kollegen davon. Wir erholten uns von Schreck, frühstückten noch gemeinsam zu Ende. Danach kleine Katzenwäsche mit einem Erfrischungstuch und Zähne putzen mit Mineralwasser und weiter ging die Fahrt Richtung Berlin.

West-Berlin kannte ich von verschiedenen Besuchen. Man fuhr während des Aufenthaltes grundsätzlich an einem Tag rüber in den Osten der geteilten Stadt. Genoss das unheimliche, leicht gruselige Gefühl wenn die S-Bahn durch den Todestreifen fuhr und man vom Fenster aus die Sperren und Selbstschussanlagen sah. Berlin Friedrichstraße war der Übergang für Westdeutsche. Hier musste man aussteigen und durch die Passkontrolle, Zollkontrolle. Warten, warten, warten. Dann kam noch der sogenannte Zwangsumtausch. Westbürger zahlten quasi einen Eintrittspreis für das Arbeiter und Bauernparadies. Die umgetauschte Ostmark wurde erst mal gezählt, belächelt und niedergemacht, wegen des billigen Papiers und Metalls der Münzen. Dann konnte es ausgegeben werden. Für Bücher, Schallplatten, Essengehen und für die BDO-Bratwurst des Ostens. Eine Bratwurst ohne Darm. Heute wird sie uns als Original Berliner Currywurst verkauft. Der Osten hatte damals nicht genug Wurstdärme in der benötigten Menge zur Verfügung und so wurde die Wurst im Plastikdarm hergestellt und dann als Bratwurst „ohne" verkauft.

Wenn noch Zeit vor der Rückkehr blieb, fuhren wir auch gern noch einmal an das Brandenburger Tor

und winkten den Zuschauern auf der kleinen Aussichtsbühne an der Straße des 17. Juni auf der West- Seite zu. Die Leute drüben freuten sich immer sehr über den „Ostkontakt".

Gegen 10.00 Uhr kamen wir an diesem Morgen durch Königswusterhausen, ein Ort der mir durch seinen Sender dem Namen nach bekannt war. Der Ort war unspektakulär. Ich erinnere mich an nichts Außergewöhnliches. Nur an schlammige, unbefestigte, schlecht erhaltene Straßen. Dann waren wir in Berlin, aber wie kommt man jetzt in den Westen. Wir fuhren bis zum S-Bahnhof Friedrichstraße. Parkten das Auto und gingen durch die Grenzkontrolle. Alles wie immer, Pass vorzeigen aber diesmal erhielten wir keinen Einreise sondern einen

DDR Ausreisestempel und wir durften in den Westen. Diese Praxis wurde ein paar Wochen später abgeschafft, darum verwahre ich meinen alten Pass sehr sorgfältig, er dokumentiert gelebte deutsche Geschichte. Berlin war wie immer, nur meine Cousine und Familie waren nicht zu Hause, sie befanden sich im Skiurlaub, wie wir später erfuhren. Das passte ja wieder wie die Faust aufs Auge. Leider hatten wir vergessen uns anzukündigen. Egal. In der Stadt wurde zu Mittag gegessen und am frühen Nachmittag ging es zurück nach Ostberlin. Dann übernachten wir eben auf der Rückfahrt - wenn, ja wenn man uns wieder einreisen lässt-. Wird unser Auto noch an seinem Platz stehen? Das seltsame Unbehagen, das uns beschlich war in vierzig langen Jahren anerzogen. Passkontrolle an der Friedrichstraße und wir waren wieder im Osten. Das Auto stand an seinem Platz und wartete geduldig. Ab ging es in Richtung Spreewald. Dort würden wir sicher eine Unterkunft finden. Duschen, telefonieren, etwas zu essen bekommen. Übernachten und ausgeruht den Heimweg antreten, so war unser neuer Plan. Wir hatten ja genug Ostmark, um uns alle diese Annehmlichkeiten leisten zu können. Der Spreewald war ja immer schon Touristen Attraktion, so wurde uns berichtet.

Es sind nur wenige Kilometer von Berlin nach Lübbenau. Lübbenau ist heute ein bei Rentnern aus ganz Deutschland beliebter Ferienort und die Kahnfahrten durch das Wasserwegenetz des Spreewaldes sind immer ausgebucht. Jetzt, im Januar 1990 sah das anders aus. Kahnpartien auf den Spreewälder Wasserwegen waren auch schon vor und zu DDR Zeiten gut angenommen, aber im Winter wurden die Kähne aus dem Wasser genommen und der ganze Spreewald schlief ein. Wir hatten Glück und fanden einen Gasthof, der mehr oder weniger zufällig, wegen einer Hochzeit, geöffnet hatte und wir bekamen ein sehr gutes Mittagessen. Übernachtungsmöglichkeiten? Leider nein, alles geschlossen. Öffentliches Telefon, ja sicher. Anruf nach Dorsten? Diesen Ort kennen wir leider nicht, aber wenn sie selbst die Vorwahlnummer ihres Heimatortes ab Lübbenau kennen, die Vorwahlnummern sind aus jedem Ort anders, dann können sie telefonieren. –

Der Anruf bei Herbert musste warten. Es war erst 15.00Uhr und wir entschlossen uns nicht in diesem, uns so fremden Land zu übernachten und über Wittenberg in Richtung Westen bis zum Grenzübergang Ecker Tal in den Harz zu fahren. Sollten wir unterwegs doch noch fündig werde, super, ansonsten ab in Richtung   Bad Harzburg und dort nachzudenken wie es weiter geht. . Die Strecke wäre leicht zu schaffen, denn es sind nur ca. 170 km.

Aber   wir   fuhren   über Straßen   die   noch mit Teer abgedeckt waren. Durch kleine und kleinste Ortschaft mit einheitlich grauen Häusern, an denen kein Hauch von Farbe das Auge erfreute. Die Straßen wurden, wenn überhaupt durch einfache runde Lampenschirme aus schwarzem Metall, erhellt nur von trüben gelben Glühbirnen, beleuchtet.   In diesen Lampenschirmen erkannte ich die Abwaschschüssel meiner Großeltern, aus den fünfziger Jahren wieder. Mein Großvater hatte diesen Lampenschirm nach einer Bombennacht auf der Straße gefunden, eine   Boden eingeschweißt und ihn meiner Oma als Wasch-und Spülschüssel, für den von Bomben   zerstörten   Familienhaushalt,   überlassen. Warum sie diese Schüssel ihr Leben lang behielten, weiß ich nicht zu beantworten, die Großeltern haben darüber nie gesprochen.

Es war Spätnachmittag und schon dunkel als wir an der Grenze ankamen, und   es wartete am Übergang   ein mehrere Kilometer langer Stau auf uns. Zeitrahmen nicht   abzusehen. Hier ging gar nichts mehr. Alle Hoffnung fuhr dahin.

Wir hatten Hunger und waren zwei Tage lang nicht geduscht, müde und telefoniert hatten wir auch noch nicht. Herbert würde sich wohl langsam Sorgen machen. Plötzlich klopfte es wieder einmal an meine Autoscheibe und ein Junge von vielleicht 16 Jahren auf einem alten Moped gab mir ein Zeichen, hinter ihm her zu fahren. Ich überlegte nicht lange, scherte aus der Reihe aus und fuhr dem Moped hinterher. „Was soll das, wer weiß was der vor hat, du kannst doch nicht einfach so, hier in der DDR einem Fremden in die Wildnis hinterher fahren", kam aus anklagend laut von der Rückbank. Aber nach einem Blick in den Spiegel war mir klar, dass ich nicht die Einzige war die dem Unbekannten in die Dunkelheit folgte. Fünf Autos fuhren dem Jungen hinterher. Die Fahrt ging, in völliger Dunkelheit, über Wirtschaftswege durch Wald und Feld. Ich kann nicht sagen wie weit wir gefahren sind bis wir ein Licht sahen, ein weiterer junger Mann, ebenfalls mit einem Moped stand auf dem einsamen Weg und schwang eine große Bahnlaterne. Ich hielt an und uns wurde signalisiert, dass wir dem zweiten Moped folgen sollten. Der Erste drehte ab und fuhr zurück. Das ging noch weitere zwei Mal So, bis wir nach ungefähr 20 Minuten an einer

Landstraße ankamen auf der ein Häuschen mit einem Grenzbeamten stand, der ganz allein, auf Kundschaft wartete. Unser Moped Begleiter erhielt dankbare 10.00DM von mir und auch aus den nachfolgenden Fahrzeugen streckten sich Hände. Ein kurzes -Gute Fahrt- und der Junge verschwand wieder in Dunkelheit um die nächste Runde zu abholen. Unsere Wartezeit an der Grenze hatte sich ganz erheblich verkürzt, wir konnten über diesem etwa acht Kilometer vom Übergang Ecker Tal entfernten provisorisch eingerichteten Grenzübergang sofort weiterfahren und waren keine halbe Stunde später in Bad Harzburg.

Ich erinnere mich gern an diese Gruppe junger Leute, die sofort erkannt haben, dass eine neue Zeit angebrochen war, die Einsatz und Initiative belohnen würde. Ich hoffe, dass alle ihre Chancen nutzen konnten und ihren Weg erfolgreich gegangen sind.

Unser erster Weg führte uns in ein Restaurant, wir ignorierten die, ich sage es mal, erstaunten Blicke der Bedienung, denn wir waren seit drei Tagen nicht geduscht! und bestellten ein umfangreiches Abendessen und riefen danach wir Herbert an. Erst jetzt erfuhren wir, wie groß die Sorgen waren, die er sich um uns gemacht

hatte, denn in diesen Tagen war ein
schrecklicher Orkan über das Land gefegt, und
er hatte, besonders im Raum Berlin große
Schäden mit Todesopfern, hinterlassen.

Nach dem Essen und dem Telefonat, haben
Uwe und ich beschlossen direkt nach Hause zu
fahren und dann im eigenen Bett zu schlafen.
Um 4.00 Uhr in morgens waren wir müde und
müffelnd, aber gesund wieder in Dorsten.

Mein Großvater und Sachsen

Eigentümlicher Weise sind meine Reisen kein Blick mehr in die Zukunft, sondern sie sind vielmehr und zunehmend ein Schritt zurück in die Vergangenheit. Nicht unbedingt in meine eigene persönliche Vergangenheit, sondern die in die meiner weitläufigen Familie, die mit den der Jahren zahlenmäßig zugenommen hat. In fast sieben Lebensjahrzehnten geschieht mehr, als man sich vorzustellen vermag. Zukunft Szenarien, egal wann und warum sie aufgestellt wurden, haben mit der folgenden Wirklichkeit nichts gemeinsam. Sie stimmen nie. Zu viele Unwägbarkeiten wären zu berücksichtigen, von denen man aber, in der Gegenwart noch nicht den Hauch einer Ahnung hat. Vor der Wende war meine engere Familie war, tatsächlich eher klein in der Zahl der Köpfe, aber waren wir doch sehr eng beieinander. Sonntags besuchten wir unsere Großeltern väterlicherseits oder sie kamen zu uns. Jeden Sonntag, mal hier mal da. Meine Mutter hat das nicht unbedingt genossen. Immer das gleiche Prozedere. Es gab eben nur diese Möglichkeit. Der Rest unserer Familie war entweder tot oder in der Zone. Berichtete schon mein Großvater. Wir nahmen es so hin, bis ja bis 1989 die Mauer fiel und wir plötzlich doch wieder Familienzuwachs vermelden konnten. Tanten, Onkle und Kusinen kamen hinzu. Am liebsten mochte ich meinen Onkel Otto, eine Cousin meines Vaters. Ich hatte ihn 1994 erst kennen gelernt. Aber in den folgenden Jahren habe ich ihn und seine Frau Rosie immer wieder gern besucht. Im März 2016 ist Onkel Otto im gesegneten Alter von 93 Jahren verstorben.

Meine Marokkoreise mit meiner Freundin Amal sollte eigentlich meine letzte große Reise sein. ich habe einfach nicht mehr den Wunsch so viel Neues zu sehen. Aber für den Sommer 2017 wartete ja noch die fünfte Folge im Open Air Theater Ralswiek auf Rügen, die das Leben des furchtlosen Piraten Klaus Störtebecker beschrieb. In fünf einzelnen Stücken stellen Schauspieler und Laiendarsteller aus Ralswiek und Rügen seine Erlebnisse aus Kriegen, Kaperfahrten und seine Lieben dar, sein Leben wie es hätte sein können, bis er seinen Kopf auf der Hinrichtungsstätte Grasbrook in Hamburg verlor.

Die Eintrittskarte hatte ich gekauft und das Hotel war auch schon gebucht und so fuhr ich dann Anfang August wieder los. In Richtung

Sachsen, hier wollte ich meine Tante Rosie wieder einmal in Grimma besuchen, sie ist nach dem Tod ihres Mannes, meines Onkels Otto, etwas einsam und hat sich über meinen Besuche sehr gefreut. Von der kleinen Stadt Grimma gäbe es schon Einiges zu berichten, denn in der Geschichte hat sie einen festen Platz, der eng mit der Reformation und Martin Luther verbunden ist. Ein hübsches Städtchen Im August 2002 überschwemmte eine nie dagewesene Flut das kleine Grimma und hinterließ eine zerstörte Stadt. Man hat wieder aufgebaut und musste im Juni 2013 wieder gegen Wasserfluten kämpfen, die das Städtchen erneut zerstörten. Grimma ist trotzdem sehenswert. Die Klosterruine Nimbschen zum Beispiel. Katharina von Bora, eine Nonne aus diesem Kloster Nimbschen entlief, mit zehn weiteren Klosterfrauen, um sich dem Reformator anzuschließen. Nach einiger Zeit und nach mehreren von ihr abgelehnten Heiratsanträgen verschiedener Herren, wurde sie schließlich die Ehefrau des Reformators. Mit Können und Fleiß führte sie den großen lutherischen Haushalt. Sie wurde von Allen, auch von Luther selbst respektvoll Herr Käthe genannt und ging so in die Geschichte ein und ist bis heute Vorbild für viele evangelischer Pfarrersfrauen in allen Gemeinden.

Ebenfalls seine Spuren hat der Dichter Gottfried Seume hinterlassen, der zwar in Lützen-Poserna in Sachsen-Anhalt geboren wurde, aber in Grimma seine literarischen Spuren hinterlassen. Im Garten des Wirtshauses meines Urgroßvaters Otto wuchs eine alte Linde, Seume Linde genannt, unter der der Dichter im Sommer seine Werke verfasst haben soll. Und nicht zuletzt verbindet mich mein Großvater Wilhelm mit der Stadt Grimma, er wurde 1893 hier geboren und ist in Böhlen, ein Flecken bei Grimma aufgewachsen. Mein Urgroßvater Otto betrieb hier einen Gasthof mit einem Biergarten, 600 Gäste fanden hier Platz, in dem auch die bewusste Linde stand. Der Urgroßvater war kein armer Mann, trotzdem wurden mein Opa Wilhelm und seine drei Brüder früh zur Arbeit im Wirtshaus heran gezogen. Besonders das Drehen des großen Pumprades, mit dessen Hilfe das Bier aus den Fässern im Keller in den Schankraum gepumpt wurde, war eine schwere und unbeliebte Tätigkeit. Mein Opa verließ seine Familie und den despotischen Vater bereits als Vierzehnjähriger, um den Beruf des

Maschinenbauers zu erlernen. Seine Lehrzeit war alles anderes als ein Zuckerschlecken. Immer hungrig und auf sich allein gestellt, musste er das Leben meistern. 1907 verließ mein Urgroßvater mit seiner Familie Grimma. Nach einem Konkurs und nicht ganz freiwillig wie in der Familie gemunkelt wurde, um in Saarburg eine Offizierskasino zu betreiben. Während des ersten Weltkrieges 1916 mussten sie Saarburg wieder verlassen, sehr schnell und wieder unfreiwillig, denn Saarburg war an die Franzosen gefallen. Er ließ sich jetzt schon älter geworden in der Nähe seiner ältesten Tochter Klara nieder, die in Gladbeck einen Gasthof betrieb. Den heute noch bekannten Schulten Hof. Otto pachtete die Bergarbeiterkneipe Haus Rose in Dorsten direkt gegenüber dem Zechentor. Hier schließt sich ein Kreis.

Aus dem ersten Krieg heimgekehrt hat es meinen Opa zunächst nach Dorsten verschlagen, denn seine Familie war hier jetzt ansässig. Als die Familie 1920 nach Thüringen zurückkehrte, leider konnte mein Uropa mit den Bergleuten und ihrer herzlichen, aber rauen Art nicht warm werden, blieb mein Opa als Einziger seiner Familie im Ruhrgebiet. Seine Schwester

Klara war 1919. Opa Wilhelm heiratete meine Oma Anna, eine Wattenscheider.

Er besuchte seine Familie noch ein paarmal in Weimar, dorthin waren sie gezogen, so oft es seine finanziellen Möglichkeiten zuließen. Nach dem zweitem Weltkrieg, als mit der Gründung der DDR die Grenzen festgeschlossen wurden, war es mit den Besuchen vorbei. Er hat seine Familie hinter dem "eisernen Vorhang" nie wieder gesehen und ist im Jahr 1982 in seiner Wahlheimat Gelsenkirchen gestorben. Seine Erzählungen aus der eigenen Kindheit in Böhlen haben mich so gefangen, dass ich dieses Böhlen unbedingt sehen wollte und bin hingereist. Von dem Gutshaus, dem Forsthaus in Böhlen bei Grimma, dem Gasthaus mit dem großen Wirtsgarten mit der Seume Linde ist nichts mehr vorhandenen. Mein Onkel Otto kramte noch Bilder aus der DDR Zeit heraus, auf denen das Haus noch zu sehen war. Es wurde anfangs noch als Lager für die Molkerei LPG genutzt, die das Geländenach dem Krieg bewirtschaftete. Der ganze Gutshof ist mit dem Forsthaus in den 1960ger Jahren abgerissenen worden. Bei meinem ersten Besuch standen auf dem Gelände neue Häuser, ich kenne ihre Nutzung nicht. Aber die Straßenzüge und die kleine

Anhöhe, die früher zur Brauerei hinaufführte, der Weg zum Fluss Mulde hinunter, wo ein kleiner Bootsanleger von dem aus „Sommerfrischler", wie Opa sie nannte, auf die Mulde hinaus ruderten, um Sonne und Luft zu genießen, habe ich sofort wieder erkannt. So lebhaft hat mein Opa mir davon erzählt. Ich stand an der kleinen Anhöhe und erinnerte mich an eine Anekdote die ich jetzt lebendig vor mir sah.

Als mein Opa im Alter von 9 Jahren, gemeinsam mit einem Bruder einem kleinen Karren, vor dem ein Ziegenbock? gespannt war, sich die Anhöhe hinauf quälten, um in der ansässigen Brauerei ein Fass Bier zu holen. Das Fass wurde auf dem Karren festgebunden. Für den Ziegenbock war diese Fuhre zu schwer, die Brüder mussten selber schieben. Als der Weg bergab ging, kam man überein, dass der Bruder die Ziege nach Hause führt und Opa sich rittlings auf das Fass setzen und sich selbst plus Karre und Bierfass gemächlich und bequem den Berg hinab rollen lassen würde. Die Schwerkraft war stärker. Das Gefährt gewann an Fahrt und donnerte ungebremst in den Hof des Gasthauses. Der Karren kippte um und Opa schlug unsanft auf dem Kiesweg auf, das Fass machte sich selbstständig und rollte noch ein paar Meter, um dann an der Hauswand aufzuschlagen und auseinander zu brechen.
Mein Urgroßvater war ein Wirt und Geschäftsmann

und hatte für die Reiterei nur wenig übrig. Aber eine Gerte wusste er doch zu benutzen.

Von Grimma sind es nur ca. 400 Kilometer bis Stralsund und es führt schon lange eine Autobahn dorthin. Diese Strecke der Autobahn 9 von Gotha bis zum Berliner Ring ist mir nicht unbekannt und ich habe bereits in einer meiner früheren Geschichten darüber berichtet. Bei meinen ersten Besuch, nach dem Fall der Mauer, in der damals noch DDR. Uwe und ich verbrachten eine Sturmnacht auf der A9. Es hat sich seit 1990 nicht viel geändert, um den Berliner Ring herum. Eine neue Fahrbahndecke ist schon wieder im Begriff abgefahren zu werden. Der Verkehr ist so dicht, dass man kaum vorwärts kommt. Dazu haben sich zahlreiche Baustellen gesellt, der langjährige Versuch die Fahrbahn zu verbreitern. Ich habe für die 400 Kilometer fast 9 Stunden Fahrzeit gebraucht, bis ich endlich in meinem zweiten Urlaubsdomizil an der Ostseeküste ankam. Aber ich wurde für entschädigt. Das mit allem Komfort ausgestattete Hotel lag wunderschön am Rügener Bodden und bot besonders dem älteren Gast alles was er sich wünschen konnte. Wellness, Ruhe und gutes Essen.

Peenemünde Museum

Nach dem Abendessen hatte ich es mir zur guten Gewohnheit gemacht, den Tag mit einem Spaziergang am Wasser ausklingen zu lassen. Herrlich den Gedanken freien Lauf zu geben und sich auch mental ungehindert treiben zu lassen.

In den letzten vier Jahren hatte ich mich auf der Insel Rügen schon weiträumig umgesehen. Der Königstuhl, der Jasmunder Bodden, die Halbinsel Möchnsgut und Seebäder waren meine Ziele. Ebenfalls die weiteren Inseln Hiddensee und Ummanz. Stralsund wurde von mir mehrfach besucht, immer dann, wenn mir nach etwas Stadt zumute war.

Aber alle anderen Besucher der Ostseebäder mit denen ich sprach, schwärmten nicht nur von Rügen, sondern von Usedom. Eine Insel zu verlieben, wie man mir glaubhaft versicherte. Die meisten Besucher fahren mit dem Wohnmobil dorthin oder zelten ganz einfach auf den vielen Campingplätzen. Von einem umfangreichen kulturellen Angebot war nicht viel zu hören, trotzdem war meine Neugier geweckt. Denn es gibt auf Usedom einen Ort, der in vielfacher Hinsicht Geschichte geschrieben hat. Peenemünde. Beschreibung eines Ortes der mir schon zehn Jahre zuvor immer wieder begegnete und das war während meiner Reise in den Süden der USA nach Huntsville Alabama. In Huntsville gibt es ein

Zentrum für Raketentechnik der NASA und es ist ein Muss dorthin zu gehen und sich die Errungenschaften der USA in der Raketentechnik an zu sehen. In Huntsville schwärmte man geradezu von dem großen Ingenieur Wernher von Braun. Der die Saturn Raketen entworfen und gebaut hat. Es ist ihm in USA ein eigenes kleines Museum gewidmet.

Allerdings ist der Ursprung dieser Technik in Peenemünde zu finden. In der dunkelsten Zeit Deutschlands. Der Prototyp der amerikanischen Saturnrakete, die das Weltall erobern sollte und in letzter Form bis zum Mond flog, war Hitlers Vergeltungswaffe im Krieg gegen England, die V2.

Ich machte mich auf den Weg nach Usedom. Den Rügen Damm ließ ich rechts liegen und fuhr in Richtung Glewitz, um ganz altmodisch die Autofähre nach Stahlbrode zu nehmen. Ich war sehr überrascht das der Weg von Putbus nach Glewitz nur ein paar Kilometer kurz war. Am Fähranleger musste ich nicht lange warten, im zwanzig Minutentakt kommt ein Fährschiff und transportiert Auto und Mitfahrer in zehn Minuten über das Wasser der Peene und schon ist man aufs der A20 in Richtung Greifswald. Kein 15 Kilometer Dauerstau auf der B 96 und kein Stau vor und hinter dem Rügen Damm behindern hier die stressfreie Überfahrt. Ein kleiner Geheimtipp, der aber von den Besuchern nicht gern angenommen wird, mir immer wieder unverständlich. Über Greifswald geht es immer noch ruhig in Richtung Wolgast. Hier beginnt das Grauen. Wolgast ist das Tor nach Usedom. Die Stadt liegt zum großen Teil auf dem Festland und mit einem kleineren Teil auf der Insel. Nur zwei Brücken überqueren den Peenestrom. Eine führt direkt durch die Altstadt von Wolgast und ist für den Ansturm der Fahrzeuge viel zu klein. Man braucht Geduld und gute Nerven um dieses Hindernis zu überwinden. Beides hatte ich nicht mehr. Als ich endlich Wolgast verlassen konnte, war mir die Lust auf Heringsdorf und Zinnowitz erstmal gründlich vergangen. Meine Kraft reichte nur noch für das historische, technische Museum in Peenemünde. Ein weitläufiges Areal mit festen bunkerartigen Steingebäuden und mit einem noch in Betrieb stehenden Kraftwerk aus der Nazizeit. Auf einem Sockel ist der Nachbau einer V2 Rakete mit dem schwarzweißen Anstrich einer Saturn zu sehen. Außerdem gut sortierte Technik der vierziger Jahre für Freaks alter Technik ein El Dorado. Heldenverehrung für Herrn von Braun gibt es hier nicht. Das ist auch gut so.

Meine Rückfahrt über Wolgast war nicht gerade schneller, als bei Hinfahrt. Ich möchte sehr gern die schöne Insel Usedom doch noch einmal genießen, dass muss aber besser vorbereitet werden.

Partielle Mondfinsternis über Rügen

Auf der Rückfahrt meines Tagesausfluges nach Peenemünde hörte im Radio, dass an diesem Tag gegen 21.20 eine partielle Mondfinsternis stattfinden wird. Da im August der Mond erst um 21.00 aufgeht und es dann noch ziemlich hell ist, sei im Osten der Republik die Wahrscheinlichkeit etwas davon zu sehen am größten da hier der Mondaufgang 20 Minuten früher eintritt. Ich war vorbereitet. Um 20.30 begab ich mich auf meinen abendlichen Rundgang um die Landzunge auf der das Hotel steht, denn die hohen Bäume hinter dem Haus würden mir die Sicht versperren. Gegen neun Uhr ging die Sonne im Westen blutrot unter, der Himmel war hell und wolkenlos. Aber der Mond war weit und breit nicht zu sehen. Ich war erst allein am Wasser, bis eine ältere Dame mit ihrer Enkelin ebenfalls daher spazierte und wir ins Gespräch kamen. Sie waren von der Insel Föhr und verbrachten immer wieder Zeit auf Rügen, weil ihnen die Ostsee und Insel Rügen so gut gefiel, sie ist hier so ganz anders, als Meer und Insel ihrer Heimat Föhr. Eine Insel in der Nordsee auf der ich auch schon herrliche Sommertage verbringen durfte. Ich erklärte ihnen warum ich hier wartete, und die Oma hatte davon auch im Radio gehört. Bleiben und warten wollten die Beiden aber doch nicht und verabschiedeten sich von mir, mit den freundlichen Wünschen für eine gute Sicht auf den Mond. Es tat sich allerdings noch gar nichts. Ich stand noch ungefähr fünf Minuten allein im Seewind und wolle mich gerade umdrehen und gehen als, ja als sich plötzlich weit im Osten direkt über dem Horizont ein orangefarbener Bogen aus dem Wasser schob und langsam die Wölbung des Mondes zu erkennen war. Seine Farbe war ein blasses Orangenrot und er wirkte seltsam undeutlich und durchscheinend wie eine Kinderlaterne aus Papier. Zügig schob sich Mondkugel weiter nach oben, in den jetzt dunkel werdenden Himmel. Gegenüber auf der westlichen Seite war dir Sonne verschwunden und hatte rote und goldene Streifen hinterlassen. Ich hatte das Gefühl genau in der Mitte zu stehen und beide Himmelskörper mit den Händen fassen zu können. Der Mond war jetzt voll zu sehen, aber es fehlte ihm ein Teil an der linken Seite, da war Nichts. Auf der orangenen Kugel konnte ich jetzt deutlich die Mondkrater, die Mondberge und Täler sehen die unserem Mond das Aussehen eines Gesichtes geben. Aber da diesem Mond hier ein Viertel des Gesichtes fehlte, erinnerte er an einen

Halloween Kürbis, dem der ausgeschnittene Mund abgebissen oder heraus gebrochen war. Unheimlich und faszinierend zugleich. Mittlerweile war es Viertel nach neun und das Schauspiel würde gleich beendet sein. Der Mond schob weiter nach oben und entzog sich meinen Blicken hinter einem leichten weißen Wolkenschleier.

Ich ging langsam, in der jetzt sehr schnell einsetzende Dämmerung zurück. Ich war ein bisschen aufgewühlt. Es war eine Vollmondnacht wie sie sanfter nicht sein kann. Das Wetter war so herrlich mild, und ein lauer leichter Wind lies die Blätter leise rascheln. Es waren kaum Wolken am Himmel und der Mond stand so hell leuchtend am Himmel und schien wie ein Nachlicht auf das sich in leichten Wellen kräuselnde Wasser des Boddens. Wenn der Wind doch mal mit etwas stärkeren Wirbeln die Wasseroberfläche zum Tanzen brachte, schien das Mondlicht sich in flüssiges Silber zu verwandeln und seinen Reichtum großzügig auf den Wellen zu verteilen.

Sonnenfinsternisse, Blutmonde, Ebbe, Flut, Menschen die uns begegnen, ein Stück mit uns gehen und die wir für immer in unseren Gedanken behalten oder die wir schnell wieder vergessen als seien sie nie da gewesen. Stationen unserer Geschichte neu und uralt.

Es gibt noch so viel mehr zu sehen, zu riechen, zu schmecken zu erleben. Ich werde doch weiter Reisen so lange es mir möglich ist. Meine Neugier immer noch genauso groß wie zu Beginn.

Erst der Tod stellt alles auf null. (Zitat aus einem Buch von Stefan Fitzek)

Sonnenfinsternis zum ersten, zum zweiten und zum dritten

Das seltene Ereignis eine Sonnenfinsternis zu erleben ist schon etwas Besonders und hat man es einmal erlebt, kann ganz leicht ein gewisses Suchtverhalten entstehen.

Meine erste Sonnenfinsternis erlebte ich Anfang der 60ger Jahre des letzten Jahrhunderts. Ich ging in das dritte Schuljahr und in diesen Jahren beschränkte sich der Unterricht auf die Erfüllung des vorgegebenen Lehrplanes, eigenständigen Kreativität war nicht vorgesehen. So wussten wir nicht sehr viel über das Himmelspektakel. Mein Vater erzählte uns, was er wusste, dass sich der Mond vor die Sonne schiebe und so die Sonne kurzfristig verdecke. Er warnte uns aber auch gleich, auf keinen Fall diesen Vorgang mit bloßen Augen zu betrachten, da man beim Zuschauen durch die Sonnenstrahlung blind würde. Er hatte natürlich mit seinen Befürchtungen schon Recht, Spezialbrillen und Folien hatten wir noch nicht und unseren Eltern fehlte ebenfalls die Lust, sich mit der anstehenden Sonnenfinsternis zu beschäftigen, es hat sie einfach nicht interessiert.

Wir wohnten damals in Gelsenkirchen in einem großen Mietshaus aus der Gründerzeit, die ehemals großen Wohnungen waren geteilt vermietet, um der großen Wohnungsnot nach Krieg entgegen zu wirken. Die Mitte des Hausdaches war flach und von Giebeln umgeben, in denen sich vom Dachboden aus, die ehemaligen sogenannten Mädchenkammern befanden. Durch eine Luke konnte man auf die Dachfläche gelangen. Es war nicht gern gesehen, dass wir Kinder uns auf dem Dachboden aufhielten und natürlich war es streng verboten das Dach ohne Genehmigung zu betreten.

In unserem Haus wohnten sehr viele Kinder aller Altersstufen. Die halbwüchsigen Söhne unserer Nachbarn hatten bald den Plan gefasst, das Abenteuer auf dem Dach zu genießen. Zum Schutz der Augen wurden im Keller kleine Glasscheiben über Kerzen mit Ruß geschwärzt. Wir kleineren Kinder waren natürlich mit aufgeregter Vorfreude dabei. Der Tag der Sonnenfinsternis war ein normaler Wochentag und ich hatte das Glück, dass ich erst um 11.00 Uhr zur Schule musste, wie die anderen das machten dabei zu sein, möchte ich nicht wissen, es hat wohl ein paar wenige Schulschwänzer gegeben.

Am 15. Februar 1961 am Vormittag stiegen wir dann alle heimlich auf das Dach, sollte ja keiner wissen was da vor sich ging. Aber siehe da Überraschung, auf allen Dächer rundherum saßen die Leute mit geschwärzten Glasscheiben und mit Schweißerbrillen und schauten in den Himmel. Es war irgendwie aufregend und doch war die Stimmung heiter und friedlich. Zu unserer Überraschung kamen nach einiger Zeit auch meine Eltern herauf gekrabbelt und brachten uns vorsorglich Decken mit, obwohl es in diesem Februar ungewöhnlich warm und sonnig war. Unserer Eltern waren nicht böse auf uns und so erlebten wir das große Ereignis mit der Familie und den Nachbarn. Der Mond schob sich langsam aber stetig vor die Sonne und knabberte Stück für Stück von der Sonnenscheibe ab. In unserer Region handelte es sich um eine partielle Finsternis, das heißt der Kernschatten des Mondes verdeckt die Sonne nicht vollständig und es wird etwas dunkler, aber nicht völlig Nachtdunkel. Eine totale Sonnenfinsternis, mit der Nulllinie des Kernschattens, erlebten in diesem Jahr nur die Menschen in Frankreich und Italien. Unserem

Vergnügen tat das keinen Abbruch. Wir waren glücklich und erfüllt von dem Gedanken, ein Naturschauspiel erlebt zu habe, wie es wohl kein zweites geben wird. Aber insgeheim war der geheime Wunsch, die schwarze Sonne einmal auf der Nulllinie zu sehen geboren. Werde ich dieses Ereignis noch einmal erleben? Wir würden sehen war die Zukunft bringt.

Die Sonnenfinsternis von 1961 über Italien ist in dem Film Barabbas mit Antony Quinn und Vittorio Gassmann als Filmkonserve erhalten zu sehen.

Achtunddreißig Jahre später Anfang des Jahres 1999, ich hatte zufällig einen Termin mit meinem Optiker hier am Markt in Dorsten. In dem Geschäft lagen dort Pappbrillen vor der Kasse. Ich probierte sie aus, konnte aber durch die Folie nicht hindurchsehen und wusste nicht was wozu sie gut sein sollen. Auf meine Nachfrage antwortete mir der Optiker, ja die dürfen sie mitnehmen, die sind für die Sonnenfinsternis im August. Es folgte ein Vortrag über Risiken und Nebenwirkungen des erwarteten Naturereignisses. Ich nahm die Brille gern an und bat noch um ein zweite für Herbert.

Gern, sagte der Optiker, wir haben genug davon es besteht kaum Nachfrage.

Hauptgesprächsthema des Jahres 1999 war die bevorstehende Jahrtausendwende, eine Sonnenfinsternis verfing sich da nicht so nachhaltig im kollektiven Gedächtnis. Auch in meinem nicht, obwohl ich seit 1961 immer den Wunsch hegte, noch einmal eine zu erleben. Aber jetzt hatte der kleine Floh sich hatte sich in meinem Gehirn festgesetzt. Die Presse berichtete sporadisch über den 13. August 99. Totale Sonnenfinsternis in Deutschland und wo kann man was sehen? Auch in unserem Freundeskreis wurde darüber mit der Frage diskutiert, ob es sich lohne 500 Kilometer nach Süden zu fahren für ein paar Minuten? Sollten wir es zu einem gemeinsamen Event machen? Wir kamen auf keinen gemeinsamen Nenner. Nach ein paar Wochen stand mein Entschluss fest, die Nulllinie lag über Süddeutschland und ich will dabei sein und wenn keiner mitkommt, fahr ich allein. Meine erste Adresse war meine Freundin Silvia, die seit einigen Jahren in München lebte, ich rief sie an und fragte, ob sie für den 12./13. August schon was vor hätte, denn ich hätte Lust sie in München zu besuchen. Die Antwort kam prompt aber bestimmt. Nein, leider bin nicht zuhause. Na ja ich denke mein Anruf war in dieser Zeit nicht der Einzige in dieser Art, und alle kann man nicht beherbergen. Dann fielen mir meine Verwandten in Forbach im Schwarzwald ein. Eine immer sehr gastfreundliche Familie. Aber Forbach liegt gerade nicht im Kernschatten. Da lohnt sich Fahrt wohl doch nicht. Liebe Cousine her oder hin. Mittlerweile war ein Teil der Deutschen aufgewacht und überlegte wie sie dieses Ereignis miterleben könnten. Besonders unter den Lehrern kam die Frage nach dem Lerninhalt auf und man kam zu der Erkenntnis, dass hier nichts von Wichtigkeit vorliege und man keine weiteren Vorbereitungen treffen müsse, bis auf wenige Schulen, so auch ein Gymnasium in unserer Stadt. Hier hatten Schüler, Lehrer und Eltern gemeinsam eine Busfahrt organisiert, die zum Termin als Schulfahrt nach Karlsruhe führen sollte. Andere Gruppen orderten schlauerweise bereits Bahnfahrkarten. Ich war mit meiner Planung etwas hinterher. Als plötzlich vor dem Ereignis ein Presserummel losbrach. Man war aufgewacht und hatte plötzlich festgestellt, dass man eine Sonnenfinsternis nicht beliebig verschieben kann. Es setzte ein Ansturm auf Geschäfte ein, die Sonnenfinsternis Brillen verkauften. In kürzester Zeit waren alle Brillen vergriffen und an Nachschub nicht zu denken. Meldungen von Überfällen auf Sonnenfinsternis Brillenbesitzer machten die Runde. Hektik in allen Medien. Mir war das egal, ich hatte eine Brille sogar zwei. Ja Herbert, er hatte sich noch gar nicht geäußert, ob er das Spektakel auch hautnah auf der Nulllinie erleben möchte. Die Antwort war ein klares nein, kein Interesse. Also gut, fahr ich allein. Aber wie und wohin. Eine Bahnfahrkarte war 10 Tage vor dem Ereignis nicht mehr zu bekommen. Also musste ich mich mit dem Auto auf die Reise machen. Meine Schwiegermutter Elisabeth der ich sehr verbunden war, gab mir unter der Hand 100 Mark, nicht ohne ihre legendären immer gutgemeinten Ratschläge, und mich nachdrücklich aufzufordern, dieses einmalige Erlebnis nicht ohne Herbert anzugehen. Aber wie soll ich ihn dazu zwingen. Aber ich hatte Glück, Herbert war bereits angepickt. Er suchte bereits im Internet den bestmöglichen Standort, also die null Linie. Er kam auf Saarbrücken/ Saint Avold in den Ardennen. Also war abgemacht, dass ich mich auf den Weg nach Saarbrücken machen werde. Zwei Tage vor Abfahrt, ich fuhr von der Arbeit nach Hause und hörte ein Klappern im

Motorraum meines Fahrzeuges.. Herbert brachte unser Auto sofort zu Herrn Lautenschläger, der sich immer um das Wohl unsere Autos gekümmert hatte und musste mir die schlechte Nachricht bringen. Das Auto muss erst repariert werden, damit zu fahren wäre grob fahrlässig. Ich war am Boden zerstört. Warum hatte sich alles gegen mich verschworen. Ich wollte die Sonnenfinsternis doch unbedingt sehen. Dann kam mir die rettende Idee. Autovermietung Enning,, klein aber ganz in unserer Nähe. Kurz vor Feierabend stürmte ich in das Büro von Herrn Enning und sagte nur ich brauche übermorgen ein Auto, können sie mir helfen. Herr Enning schmunzelte, sie wollen zur Sonnenfinsternis? Ja meine Söhne fahren auch mit der Schulklasse. Ja und er könne mir helfen, ein Wagen würde für mich bereit stehen. Wieder zu Hause kam die nächste gute Überraschung. Nein, allein könne er mich nicht mit dem kleinen Leihwagen auf die Reise schicken, Herbert wollte mitfahren.

Am Morgen des 13. August1999 um 5.00 Uhr. Ausgestattet mit Picknick Korb und Thermoskanne und einer warmen Decke machten wir uns auf den Weg in Saarland. Es wurde schon hell und es versprach ein sonniger

Tag zu werden. Wir fuhren die linkseitige Autobahn in Richtung Aachen. Die Autobahn war noch leer und wir kamen bis Koblenz gut vorwärts. Hinter Koblenz setzte sich dann nach und nach ein Autokorso in Bewegung. Aus den umliegenden Städten und auch aus dem nahen Ausland trafen wir auf immer mehr Sofischauer, die um ein Vieles besser vorbereitet waren als wir. Menschen winkten uns aus ihren Fahrzeugen zu. Zeigten Ihre T-Shirts mit den aufgedruckten Texten.- SOFI-99 ich bin dabei-. Du auch?- Vereine und Freundeskreise, Gruppen gaben sich als Sonnenfinsternis Sucher zu erkennen. Lachen, winken, fröhliche Zurufe und Musik aus den Autos. Selbst wenn der Lindwurm in Richtung Südwesten ins Stocken kam, war die Stimmung fröhlich und ausgelassen. Aufgrund des von uns nicht vorhergesehenen starken Verkehrsaufkommens, ging es langsamer voran als wir gedacht hatten. Wir entschieden uns nach Saarbrücken zu fahren und dort ein passendes Plätzchen zu finden um uns auf den Augenblick einzustellen. In Saarbrücken angekommen, wurden wir bitter enttäuscht. Die Stadt war überhaupt nicht auf den Ansturm eingestellt. Und so wussten die Verantwortlichen sich nicht anders zu helfen und stellten der schaulustigen Menge ein

Megaaufgebot an Polizeipräsens entgegen. In barschen Ton wurde man aufgefordert weiterzufahren nicht stehen zu bleiben. Parken unmöglich. Herbert gab schweigend Gas steuerte den Wagen aus der der ungastlichen Stadt hinaus, auf die Autobahn in Richtung Frankreich. Es ist wurde Zeit, den das Licht ließ langsam nach und tauchte die Welt in ein einheitliches Grau. Um 11.30 Uhr fuhren wir in Saint Avold Frankreich auf einen Hügel der Ardennen. Eine friedliche Ruhe und eine gute Straßenführung empfingen uns. Man wies unseren Wagen an den Rand des Hügels. Wir hatten beste Sicht. Beim Umherschauen sahen wir das der Hügel voll mit Menschen war, die auf Decken und Gartenstühlen mit Brillen oder Teleskopen in den Himmel schauten. Wir wurden herzlich begrüßt und machten es uns auch bequem und tranken unseren Kaffee. Mittlerweile war es noch dunkler geworden. Die Atmosphäre war erfüllt mit angespannter Erwartung. Jemand hatte ein Radio dabei, das französische Radio hatte eine Liveschaltung länderübergreifend aus den Städten der Nulllinie. Und so erfuhren wir, dass es in den meisten Städte keine gut Sicht auf die Sonne gab, dass Wolken und Regen den direkten Blick behinderten. Alle paar Minuten hörten wir

Jubelschreie aus dem Radio, wenn wieder eine Stadt die volle Verdunkelung feierte. Von England über Paris, dann durch Frankreich bis zu uns. An unserem Standort traten mit zunehmender Dunkelheit ebenfalls starke Wolkenfelder auf, aber die Sonne war immer zu sehen. Es war zum Zerreißen spannend. Kurz vor 12.00 Uhr die Sonne war fast vom Mondschatten bedeckt, braunschwarze Dunkelheit um uns herum, als plötzlich neben uns die Tagessingvögel aufstiegen und ziellos umherzuflogen, um dann irgendwo zu landen und den Kopf unter die Flügel zu stecken. Dann war es vollbracht, in dem Augenblick, als der Mondschatten die Sonne voll abdeckte und uns eine warme braune, die so ganz anders war, als die eher kalten, blauen, Dunkelheit der Nacht, umgab, riss die Wolkendecke auf und gab den Blick auf eine Corona und auf die Venus und weitere Sterne frei, die man am Tag niemals sehen kann. Jubel brach jetzt auch auf unserem Hügel aus. Man prostete sich mit Champagner zu und genoss dieses einmalige Erlebnis. Dann wanderte der Mond weiter und gab die Sonne wieder frei. Es wurde augenblicklich hell viel schneller, als wir das erwarten hatten. Langsam löste sich das riesige Picknick auf und die Zuschauer verließen in einer langen

Autoschlange den Hügel. Es ging alles zügig und ruhig. Die französische Polizei hatte das ganze Event unaufdringliche im Blick. Wir haben später erfahren das 30 000 Menschen auf dem Hügel von Saint Avold dem Spektakle zugeschaut hatten. Herzlichen Glückwunsch an die weitsichtigen französischen Behörden und die Polizei.

Auf der Rückfahrt hatte uns die Wirklichkeit schnell wieder. Bereits in Saarbrücken ging es nur noch Stopp and Go vorwärts. Wir hatten Hunger und in unserer Phantasie gab es kleine schnuckelige Dorfgasthäuser, die mit regionalen Erzeugnissen nur auf uns warteten. Aber leider mussten wir uns mit den Keksen und den Äpfeln begnügen, die wir bereits mitgebracht hatten. Um die größten Staus zu umfahren, nahmen wir die Hundsrückhöhenstraße. Durch liebliche Täler stille oder vielleicht schon verlassen Dörfer ging es in Richtung Ruhrgebiet. Unterwegs trafen wir auf wieder auf Sonnenfinsternis Anhänger die feucht, fröhlich laut über das Event berichteten. Wir kamen erst spät in der Nacht wieder in Dorsten an, stellten den Leihwagen an der vereinbarten Stelle ab und erinnern uns bis heute diesen Tag und das wir dieses   Naturschauspiel gemeinsam so nah erleben durften.

Ein halbes Jahr später im Juni 2000 wurde im Fernsehen ein Bericht gesendet, der sich Sonnenfinsternissen im Allgemeinen und mit der Sonnenfinsternis aus dem Jahr 1999 im Besonderen beschäftige. Ein ganzer Tag voller wissenschaftlich hochinteressanter Beiträge. Aber ein Beitrag hat meine ganz persönliche uneingeschränkte Aufmerksamkeit. Mit etwas nachträglichem Neid sah ich, dass sich die Münchner im Olympiastadion zusammengefunden hatten, um mit Champagner und Häppchen das Event, bei herrlichem Sonnenschein zu genießen. Dann wurde es dunkel und wieder hell, und ja was soll man sagen, schade, schade, schade Schadenfreude! Alle Zuschauer waren bis auf die Haut nass und der Champagner in den Gläsern verwässert! Es ist ein typisches Phänomen bei einer Sonnenfinsternis, dass mit der Verdunkelung der Sonne Regenschauer obligatorisch sind. Ob meine Freundin Silvia auch im Stadion war, kann ich nicht sagen. Sie hätte mir aber sehr, sehr leidgetan!

Im Jahr 2014 gab es wieder Berichte in den Medien über eine Sonnenfinsternis in Deutschland. Partiell sollte sie sein. Aber es wurde sofort auf die Unverzichtbarkeit der Spezialbrillen hingewiesen und diese lagen auch in ausreichender Anzahl in den diversen Geschäften bereit. Mein altes Fieber brach wieder aus. Ich wollte wieder dabei sein. Sollte ich eine neue Brille kaufen? Nein meine Sonnenfinsternis 99 Brille ist eine Antiquität und sie musste dabei sein. Am Tag der Sonnenfinsternis hatte ich frei und verbrachte den Vormittag in froher Erwartung. Zwischen Schlafzimmerfenster und Dachboden hin her und pendelnd verbrachte ich den Vormittag, Immer den Blick in den noch sonnigen Himmel gerichtet. Aber gegen Mittag zog sich der Himmel so zu, dass nur noch Wolken zu sehen waren. Von der Sonne nicht mal eine Erahnung. Ich verfolgte das Spektakel jetzt am Fernsehgerät weiter und ich kann sagen, dass in England, Frankreich ja in ganz Mitteleuropa wohl kein Mensch wirklich etwas gesehen haben kann. Das Wetter ließ keinen Blick auf die Sonne zu. Ich muss wohl doch bis zum Jahr 2088 warten, dann gibt es in unserer Region wieder eine totale Sonnenfinsternis

Ich hoffe wir treffen uns dann alle an der Null Linie wieder.

Letzte Biike auf der Insel Sylt vor der Pandemie

Das Jahr 2020 ist wohl das ungewöhnlichste und seltsamste Reisejahr das ich in meinen 67 Lebensjahren erleben durfte.

Alles schien zum Ende des Winters, so um Anfang Februar, dass meine Reiselust doch um einen wichtigen Sehnsuchtsort gestillt werden sollte. Ich wollte nach Gotland. Auf die schwedische Insel in der Ostsee. Es sollte der Höhepunkt meiner Reisen an dieses unheimliche, wilde, mystische und doch so spannende Meer werden.

Gotland: Klaus Störtebeker der um 1360 auf der Ost- später auch auf der Nordsee sein Unwesen getrieben und als Blockadebrecher die Schiffe der Hansekaufleute ausgeraubt haben soll. Auf der Insel hatte der legendäre Seeräuber und Anführer der Viktualienbrüder Klaus Störtebeker, in den Jahren 1394 bis 1398, sein Piratenlager. Dann wurde er von den Dänen vertrieben. Auf dem Grasbrook in Hamburg, wurde ihm, gemeinsam mit seiner gesamten Mannschaft, am 20. Oktober 1401 der Kopf abgeschlagen. So sagt es die Legende.

Gotland: In der legendären Schlacht von Visby im Jahre 1361 unterlagen die Gotländer dem dänischen König Waldemar Attadag. Das Waldemarkreuz in Visby erinnert daran.

Gotland: Auf der Walter Sittler, als „Der Kommissar und das Meer" ermittelt. Er sei gar kein richtiger Kommissar erklärte mir einmal der Produzent dieser Krimiserie, bei einem Empfang in Berlin, er sei nur ein Schauspieler der einen Kommissar verkörpert. Trotzdem bin ich ein echter Fan von Walter Sittler, den ich bei diesem Termin ebenfalls persönlich kennenlernen durfte.

Gotland: Die Insel mit den meisten Sonnentagen und den schönsten Stränden Schwedens.

Hier wollte ich hin. Es sollte mit dem Auto losgehen. Die Fähren waren schon im vergangenen Herbst gut ausgewählt und gebucht. Von Kiel nach Göteborg. Von Göteburg nach Nyshawn, Übernachtung am Fähranleger nach Gotland. Dann eine Woche Gotland, zurück über Nyshawn, durch das Land zurück, bis Trelleborg. Übernachtung am Fähranleger, Übersetzen nach Travemünde und über die A1 zurück nach Dorsten. Dazwischen jede Menge Natur, Geschichte und Geschichten, nette Menschen und gutes Essen.

Aber wenn der Mensch Pläne macht. Es kam alles ganz anders.

Für Februar hatte ich mir noch ein kleines Geschenk gemacht. Lange Zeit zurück, hatte ich gelesen, dass es auf der Insel Sylt an jedem 24. Februar ein besonderes Fest gefeiert wird. Das Biikebrennen. Zur sogenannten Biike sammelt und schichtet jedes Dorf der Insel schon Wochen vorher eine große Menge Grünschnitt, Äste, Baumgehölz usw. zu einem riesigen Berg auf. Meine Biike sollte in Wenningstedt stattfinden. Ich liebe Sylt und das Inseldorf Wenningstedt, seit ich das erste Mal ein paar Tage auf der Insel verbringen durfte.

Ich hatte mich gut auf dieses Biikefeuer vorbereitet. Kein Schnickschnack, sondern nur wetterfeste Kleidung und gutes Schuhwerk wanderten in meinen kleinen Koffer. Von Dorsten auf die Insel bis Westerland liegen 600KM Wegstrecke die es zu überwinden galt. Ich hatte das in den vergangen Jahren gern mit dem Zug getan. Aber kostengünstige Fahrkarten mit der Deutschen Bahn, sind meist nicht für direkte schnelle Verbindungen zu bekommen, es heißt öfter mal umsteigen und man wartet schon das eine oder andere Mal längere Zeit in einem kleinen, schmutzigen Bahnhof auf seinen Anschlusszug.

Ja, in der warmen Jahreszeit ist das egal, aber im Winter wollte ich mir doch etwas mehr Luxus gönnen und buchte einen Flug von Düsseldorf auf die Insel. Die gesamte Reisezeit schrumpfte, so ruckzuck, von acht auf drei Stunden. Meine Anreise war zügig und ich verließ bereits um die Mittagszeit den winzigen Flughafen Sylt, der wie ein winzig kleiner Sportflughafen daher kam, obwohl ich mit einem Airbus gelandet.

Zu meiner Begrüßung wehte eine steife Brise und die Luft fühlte sich feucht an. Für richtige Regenschauer war es zu stürmisch. Vom Flughafen nach Wenningstedt zu meiner Pension am Strand waren es keine zwei Kilometer. Die einzige Buslinie verkehrte hier nur dreimal am Tag über Westerland. Den Bus hatte ich sowieso verpasst, ein Taxi erschien mir für die kurze Strecke zu dekadent. Also Jacke zu, Kapuze auf und Regenponcho drüber und ab ging es die paar Meter in Richtung Strand. Es war aber doch ein schönes Stück Arbeit mich gegen den immer aufbrausenden Sturm zu stemmen und dabei den kleinen Koffer hinterher mir her zuziehen. Aber nach einer halben Stunde war es geschafft, ich kam in einer hübschen, kleinen, gepflegten Pension an und genoss es erstmal angekommen zu sein.

Beim gemütlichen Frühstück am nächsten Morgen, beim Plaudern erste Zweifel bei den Gästen, Wird die Biike überhaupt stattfinden? Der Sturm hatte die ganze Nacht geweht, an Fenstern und Türen gezerrt und gerüttelt, sich in den Morgenstunden dabei noch verstärkt. Sturm? Unsere Gastgeberin schaute verwundert, dass ich doch kein Sturm, Sturm ist erst, wenn den Schafen die auf dem Deich grasen, die Locken gerade vom Körper abstehen.   Und Biike ist Biike, da kneift man nicht. Im Laufe des Tages gab es dann doch verschiedene Hiobsbotschaften,   die Feuer an der Binnenküste wurden abgesagt. Macht nichts, die sind sowieso nicht echt, sondern nur touristisch. Als aber auch die Nachrichten kam „Amrum und Föhr sagen ihre Biiken" ab, kam schon eine bedrückte traurige Stimmung auf. Die Dorfverwaltungen Sylt gaben sich für das weitere Verfahren bis zur Mittagszeit am 24. Febr. Bedenkzeit. Kurz vor 12.30h ließ der

Sturm und Regen nach und die Verwaltungen gaben grünes Licht.

Am 24. Februar 2020 loderten einzig in den neun Dörfern der Insel Sylt die Biikefeuer.

Gegen 18.00 Uhr große Treffen am Dorfteich mit Ausgabe der Pechfackeln. Elegante Kleidung ist hier fehl am Platz. Warme strapazierfähige Jacken, Mützen, Handschuhe und feste Schuhe sind angesagt. Evtl. gesellschaftliche Unterschiede sind aufgehoben. Man trank schon mal zum Aufwärmen einen Glühwein, plauderte und erzählte von der Biike im Jahr 2019, die bei Frühlingswetter alle Gäste bis tief in die Nacht verzaubert hatte. Dann setzte sich der Fackelzug unter musikalischer Begleitung der Feuerwehrkapelle in Bewegung. Allein in Wenningstedt waren es ca. 3000tausens Teilnehmer die gemeinsam zum Biikeplatz auf eine Wiese vor dem Dorf marschierten.

Unter reger Beteiligung der Bewohner und der Gäste, jeder wirft das was von seiner Fackel übrig ist, in Richtung der Biike und so wird das Werk aus Gehölz unter fachmännischer Beobachtung der Feuerwehr entzündet. Es wird gesungen und Musik gemacht bis die auf der Spitze festgemachte Strohpuppe oder auch evtl.

ein Fass, Feuer fängt und zur lautstarken Freude der Anwesenden herunterfällt. Die Figur soll den Hl. Petrus darstellen für den am 25. Februar ein eigenes Fest der Petri Tag gefeiert wird. Danach trifft sich die ganze Gemeinde, alle ohne Unterschied machen mit, zu Grünkohl und Glühwein.

Über den Ursprung der Feste gibt es verschiedene Erklärungen.

Eine Version. Petrus wurde verbrannt, weil die Inselbewohner ihren alten nordischen Gottheiten mit dem Feuer Ehre erweisen und die zwangsweise Christianisierung ihrer Insel nicht kampflos hinnehmen wollten. Einen Tag später aber vorsichtshalber dem heiligen Petrus mit einem eigenen Feiertag auch Ehre erwiesen, man kann ja nie wissen.

Eine andere, spätere Version besagt, die Menschen auf Sylt, ebenso wie Föhr und Amrum lebten vom Walfang und man entzündete am Ende des Winters die Feuer als einen Abschiedsgruß an die Walfänger, die dann wieder für viele Wochen in See stachen auf der Suche nach dem begehrten Gut, dem Wal.

Eine dritte Version, ich denke sie ist erst augenzwinkert in der neueren Zeit aufgekommen. Die Feuer sollten bis an die dänische Küste signalisieren, dass die Männer auf

Walfang sind und die Frauen jetzt allein in ihren
„sturmfreien" Häusern auf kräftige männliche
Unterstützung warten.

Als unser Feuer fast herunter gebrannt war
machten sich die Feiernden auf den Weg zurück
in den Ort. In fast völliger Dunkelheit. Nur
manchmal leuchtete ein schwaches Licht aus
einem MobilPhone auf den Weg und
verhinderte, dass der nasse, glitschige Rasen zur
Stolperfalle wurde. Niemand sollte in den
riesigen Pfützen zu Schaden kommen. Es
wurde gelacht und gefeixt, aber jeder achtete
doch darauf, dass alle wieder gesund am
Dorfteich ankamen und dann ihrer Wege
heimgingen.

Ein schöner, mystischer und außergewöhnlicher
Abend ging zu Ende.

Am übernächsten Tag, dem Tag meiner Abreise,
hatte sich das Wetter beruhigt. Es regnete zwar
und die sehr kalte Luft war mehr als
unangenehm, aber der Sturm war
weitergezogen. In Richtung NRW. Ich fand
mich wieder zu Fuß, aber doch rechtzeitig am
Flughafen ein. Eigentlich viel zu früh, denn es
gab hier so gar nichts, nicht einmal einen
Kaffee konnte man bekommen. Bis auf den

Hinweis einer Dame die für ca. 20 Minuten eine Infoschalter geöffnet hielt. Warten sie bis nach der Ticketkontrolle, dann können sie als Gast des Hotels Berlin unsere Sylt Lounge aufsuchen, dort stehen Getränke und Snacks für sie bereit.

Nach einer gefühlten Ewigkeit des Wartens öffnete sich die Durchgangstür zum Innenbereich des Flughafengebäudes. Handgepäck wiegen, Ticketkontrolle und durch den Raum direkt in die gemütliche Lounge. Ein kleiner Prosecco, gesponsert von der Sansibar Sylt und kleine Snacks, nebst Kaffee und Kakao oder wenn gewünscht weitere alkoholische Getränke verkürzten die Wartezeit erheblich.

Dann die Durchsage, nach Düsseldorf Abflug zum Gate 1. (von zweien). Für den Rückflug stand jetzt kein Airbus mehr auf dem Rollfeld, nein eine etwas in die Jahre gekommene Propeller Maschine von Bombardiere wartete auf Fluggäste. Egal Hauptsache sicher. Der Flug von Sylt nach Düsseldorf dauert alles in allem ca. 50 Minuten. Also nicht groß bequem machen, gleich sind wir da. Aber was war das. Wir waren doch jetzt schon über eine Stunde in der Luft. Wo befanden wir uns? Das konnten wir durch die wie dicke Watte unter uns durchziehenden Wolken nicht ausmachen. Dann eine Durchsage, aufgrund des schweren Sturmes über NRW hat unsere Maschine noch keine Landeerlaubnis, eine kleine Verzögerung man bat um Verständnis. Der Sturm sei aber im Begriff weiterzuziehen. Mit einem lauten, an eine alte Kreissage erinnernden Geräusch fuhr direkt neben meinem Fenster das Fahrwerk aus, begleitet von einem unheimlichen Schütteln, Ruckeln und Knacken des Flugzeuges. In der Kabine war es merkwürdig still geworden. Nach weiteren 20 Minuten hatte der Pilot unbemerkt doch zur Landung durch die weiße Milchsuppe angesetzt und nachdem wir einen heftigen Stoß und noch einen Hüpfer überstanden hatten, setzte die Maschine mit lautem Ächzen und Stöhnen des Metalls auf dem Rollfeld auf. Aufatmen wir waren zu Hause.

Wir hatten fast eine Stunde Verspätung, es war schon gegen 16.30 Uhr als ich mich durch Ankunftshalle in Richtung Flughafen aufmachte. Mal schauen, wann ein Zug nach Essen geht, der mir einen Anschluss nach Dorsten sichert. Auf den vier Bahnsteigen war es außergewöhnlich voll. Nanu wo wollen die alle hin. Mein Zug war schon auf der Anzeigetafel angekündigt. Glück gehabt, so war ich denn doch um spätestens 19.00 Uhr daheim. Der Bahnsteig füllte sich ständig mit weiteren Reisenden. Aber es kamen ganze zwei Züge an, die aber ausschließlich nach Süden fuhren. Nach Norden nichts. Also Mobil Phone rausgekramt und siehe da. In Duisburg hatte der Sturm eine Oberleitung abgeknickt und diese blockierte jetzt die Bahngleise. Der gesamte Zugverkehr um Duisburg herum auf unbestimmte Zeit eingestellt.

Egal, jetzt hieß es kreativ sein. Ich kenne das Ruhrgebiet wie meine Westentasche. Also auf ging es, von Düsseldorf über Oberhausen, umsteigen nach Bottrop, hier umsteigen nach Dorsten. Zwei Stunden dauert diese Fahrt. Mehr als doppelt so lange wie ein Flug nach Sylt.

Ich kam um 20.30 Uhr an. Abgekämpft, hungrig und müde aber sehr zufrieden mit meiner Reise. Der Sommer konnte kommen und dann würde ich nach Schweden auf die Insel Gotland reisen.

Es war der 26. Februar 2020 und keiner von uns ahnte was vier Tage auf uns einstürmen wurde.

Lock Down

Lock Down Urlaub in Dänemark

Der Sommer 2020 sollte eine ganz neue Erfahrung für uns alle werden. Seit dem 10. März befindet sich die Welt im Ausnahmezustand. Eine Krankheit rast um die Welt und bringt sie fast zum Stillstand. Schulen, Kindergarten, Gotteshäuser Kinos, Restaurants, ja sogar Spielplätze, alle sind geschlossen. Den Menschen wird nahegelegt zuhause zu bleiben. Die Arbeit, wenn möglich online zu verrichten. Treffen mit der Familie und Freunden sind nicht erlaubt. Maximal fünf Personen dürfen sich treffen. Das Leben steht still.

Reisen ist zu dieser Zeit eigentlich kein Thema. Ich wollte im Juni 2020 nach Gotland fahren, aber die Hotels haben geschlossen und meine Reservierungen wurden storniert. Die Grenzen sind zu den meisten Ländern, auch innerhalb der europäischen Union, sind sowieso geschlossen und nur unter schwierigen Bedingungen, Testpflichten, Masken usw. zu bereisen. Viele Menschen, ich auch, warten und hoffen auf eine wirksame Impfung gegen dieses Virus. Die gibt es aber noch nicht. Also würde es in diesem Jahr mit dem mit Reisen werden. Seit dem 10. März hatte ich mir angewöhnt, täglich im Umkreis von fünf Kilometern um unser Haus, lange Spaziergänge zu unternehmen. Meine Erlebnisse und Beobachtungen sind meinem Büchlein *–Ein philosophischer Spaziergang durch Dorsten-* zu Papier gebracht. Es war ein kleiner Ausgleich zu meiner Reiselust. Der mir aber viel Freude und ganz neue Eindrücke gebracht hat. Im Juli erhielt ich dann einen Anruf von meinem Sohn Uwe. „Hast du reisetechnisch schon etwas geplant?" „Nein, natürlich nicht, geht doch nichts", antwortete ich. Er erklärte mir dann, dass er mit seiner Familie und einem Freund meines Enkels nach Dänemark reisen wollte und dazu schon ein großes Ferienhaus gemietet hatte. Das Haus sei komfortabel mit einem Innen-Pool und genug Schlafräumen für vier Personen. Die Eltern des Freundes hatten aber, aufgrund der Pandemielage ihre Zustimmung zurückgenommen. Do war ein schöner, ruhiger Schlafraum frei. Ob ich nicht Lust hätte, für einen Zeitraum nach Dänemark mitzukommen. Ich überlegte. Ging Das überhaupt? Ja das ging. Dänemark und einige weitere skandinavischen Länder verfolgten einen anderen Ansatz der Krankheit Herr zu werden.

Sie setzten weniger auf staatlich restriktive Politik, sondern hauptsächlich auf die Eigenverantwortung ihre Bürger.

Die Dänische Grenze war offen. Ich sagte zu, und packte meine Koffer. Mein Auto stand bereit und so fuhr ich los.

Dänemark stand eigentlich nie ganz oben auf meiner Reise Agenda. Ein grünes, flaches Land, ohne besondere Highlights, wie ich meinte. Aber in der Not----

Die Fahrt dauerte länger, als ich erwartet hatte. In Hamburg stand ich zwei Stunden im Stau, nur um den Elbtunnel zu durchqueren. Wo kamen diese vielen Menschen eigentlich her? Ist doch immer noch Zurückhaltung angesagt? Oder? Aber wie mir schnell klar wurde, die Menschen ließen sich im Sommer 2021 schon nicht mehr vollständig einsperren. Ab Kiel fährt man in Richtung Dänemark über Landstraßen. Das Meer ist hier überall schon präsent und meine bisher eher gleichgültige Stimmung, verwandelte sich in Reiselust und Vorfreude. Es war schon gut 18.00 Uhr, als ich am Grenzübergang Ellung/Fröslev ankam. Außer mir war kein einziges Auto weit und breit zu sehen. Ich hielt an und wartete auf meine

Kontrolle. Einen Schlagbaum gibt es nicht und die Straße vor mir war frei. Trotzdem zögerte ich einfach weiter zu fahren. Im Augenwinkel sah ich ein Polizeifahrzeug am Rande der Straße stehen. Aha, die warten wohl, dass einer die Nerven verliert und einfach rüber macht. Seit Jahrzehnten habe ich keinen solchen Gedanken mehr an einer innereuropäischen Grenze gehabt. Ein flaues Gefühl und ja, auch leichte Angst. Dann, siehe da, ein Arm winkte aus dem Autofenster. Aussteigen wollten die Beamten wohl nicht mehr, aber der Arm signalisierte mir. Weiterfahren! und das tat sich. Alles so wie immer. Zwei Stunden später kam ich in der Ferienhaussiedlung in Sondervig an. Es begann schon zu dämmern, als ich unser Haus erreichte. Uwe hatte nicht Zuviel versprochen. Das schwarze Holzhaus war großzügig und gut eingerichtet. Die Zimmer lagen angeordnet. um den Mittelpunkt des Haues, einem großen Wohn- und Esszimmer und dem Innenpool, herum. Ungestört konnte hier jeder seinem Urlaubstraum folfen.

Ich hatte meine Yogamatte mitgenoemmn und ließ meine Urlaubstage auf der großen Terrasse ruhig angehen. Auf Geschäfte und öffentliche Freizeitangebote, die hier vielfach geöffnet waren, hatte ich keine Lust. Ich verbrachte meine Zeit am Meer, das nur mit etwas Mühe durch den Sand der weitläufigen Dünen zu erreichen war. Meine Familie kam nicht mit, denn meiner Schwiegertochter fiel der Weg über die Dünen aus gesundheitlichen Gründen schwer, das war sehr schade, denn ich wurde für meine Mühe mit einem wunderbaren Strand belohnt. Weitläufig mit weißem, feinem Sand lag er vor mir. Es waren deutlich weniger Touristen, als in anderen Jahren dort und so herrschte eine ruhig, entspannte aber fröhliche Stimmung unter den Menschen. Schwimmen, in der Sonne faulenzen und den Kindern zusehen. Es wurden hier Sandkuchen gebacken oder ein Kunststoffdrachen gen Himmel geschickt, der mit der Hilfe von Vater oder den großen Geschwistern, an einer festen Schnur gehalten, dem Wind trotzte. Auch Muscheln sammeln, war bei den Kleinen noch genauso aktuell, wie bei meinem Bruder und mir 1959 an der holländischen Nordseeküste in Zandvoort. Das Wetter in diesem Sommer in Dänemark ließ keine Wünsche offen.

Es war Badewetter pur. Die Sonne schien warm und trocknete das Badezeug schnell. So lag ich nach dem Baden am Strand und schaute in den

Himmel. Hin und wieder jedoch zogen dunkle Wolken über dem Wasser auf. Einmal hatte ich das Glück eine wahrhaft künstlerische Farbgebung am Himmel zu beobachten. Über dem Meer baute sich eine graue Wolke auf, die in kurzer Zeit in ein fast Tiefschwarz überging und über den Strand einen Schatten legte. Die Sonne war für einen Moment verschwunden. Die Wolkendecke riss nur für einen kurzen Moment auf und ließ das Sonnenlicht kurz durch. Ein paar Badegäste standen plötzlich, für einen Moment im Sonnenlicht wie auf einer Bühne, wenn das Spotlight eingeschaltet wird. Alle anderen standen im Schatten. Vielleicht regnete die Wetterfront sich jetzt auf dem Meer aus. Denn diese Wolke zog weiter in Richtung Westen und verwandelten ihre bedrohlichen dunklen Farben, in wunderschöne Pastelltöne. Von Schwarz, über verschiedene Grautöne, zu dunkel- bis hellgrün. Die Sonne stand wieder am Himmel und ließ das Blassblau des Azur erahnen, welches dem Grün nach und nach den Rang ablief und am Himmel hier ein Farbenspiel bot. Ein begabter Aquarell Maler war hier wohl am Werke und hatte den Himmel mit seinen Wasserfarben blau, rosa, grünlich und grau eingefärbt. Aber müsste schon ein sehr begabter Maler sein, der so ein Bild fertigen könnte.

Auf den Spuren Theodor Fontanes in Brandenburg

Ich bin wie wieder auf der Reise. Das zweite Jahr in der Pandemie. Diese Krankheit hat das Reisen vollständig verändert. Menschen besinnen sich auf die eigene Heimat und finden ihre Traumlandschaften in Deutschland. Einfach Urlaub machen oder Reisen, macht das einen großen Unterschied. Ich denke Ja.

Urlaub ist ausruhen vom Alltag, Nichts tun relaxen und von der Arbeit und dem Alltag ausruhen. Für den gestressten Menschen unersetzlich um Kraft zu tanken und mit neuer Kraft wieder in seinem seine Alltag zurück zu kehren. Reisen, das sind Begegnungen, die Weite des Meeres und des Himmels genießen. Neue Geschichten zu hören und in die Geschichten der der Dörfer und Stadt am auf dem weg einzutauchen.

Ich reise und in diesem Jahr habe ich mich für Brandenburg entschieden. Ein Bundesland, das Viele kennen , weil sie "mal durchgefahren sind". Genauso wie ich. Auf dem Weg nach Berlin fährt man dem Zug durch Brandenburg. Nach dem Ausbau der Strecke leider immer schneller. Wiesen und Wälder fliegen vorbei. Häuser und Menschen sieht man kaum.

Während einer meiner vielen Zugfahrten nach Berlin musste der Zug "betriebsbedingt" auf der der Strecke halten. Wälder, Sandweg und kleine Seen beherrschten das Bild vor dem Zugfenster. Sandbüchse kam es mir spontan in den Sinn. Nicht viel los dort. Kein Mensch weit und breit zu sehen. Dann fuhr plötzlich ein ratterndes Moped durch dieses fast schon zu romantische Bild. Zwei semmelblonde, junge Leute, vielleicht 16 Jahre alt, in kurzen Hosen und freiem Oberkörper zogen meine Aufmerksamkeit auf sich. Das Moped wurde abgestellt und mit dem mitgebrachten Angelzeug verschwanden die Beiden im Schilf eines kleinen Sees.

Ein Bild wie in einem alten Film, endlos Sommer und die Freiheit der Jugend, den Tag mit Angeln und Baden vertrödeln. Den Beiden ging es doch augenscheinlich, wirklich gut. Irgendwann würde. ich mir dieses Idyll in der sandigen Landschaft aus der Nähe ansehen.

Die Theodor Fontanes Schriften taten ein Übriges. Ich wollte meine eigenen Wanderungen durch die Mark Brandenburg erleben.

Bei meinen Mitmenschen traf ich nur auf Unverständnis. Brandenburg? Was willst du da, da ist doch nix. Nur Sand und Kiefern. Genau das wollte ich sehen

Jetzt war es an der Zeit Taten folgen zu lassen. Die Pandemie hat unsere Urlaubsträume ziemlich durcheinander gewirbelt. Fliegen kommt erstmals für mich nicht infrage. Ich habe keine Lust in einer Sardinenbüchse, stundenlang eingepfercht zu sitzen. Ich wollte frei und entschied mich für die Schorf Heide. Was wusste ich eigentlich über die Schorf Heide? Ach ja, das Jagdrevier Kaiser Wilhelms II, Hermann Görings und den DDR Größen. Hier wurden zahme Hirsche vor die Flinten der Sowjetischen Waffenbrüder geschickt, und den alten Männern Jagt Erfolge vorgegaukelt die es gar nicht gab. Hier befand sich das riesige Anwesen, dass der Obermaier Hermann Göring für seine Frau hatte bauen lassen. Als sie starb, wurde es zur Nazi Wallfahrtstätte. Nach dem Krieg jagte man die Gebäude in Luft, um alle Spuren zu vernichten. Wollte ich da wirklich hin? Die Schorf Heide ist heute ein Naturschutzgebiet mit Urwald und stillen Seen. Ja, da wollte ich hin. Erst bei der Buchung wurde mir bewusst, dass sich es sich bei diesem

Hotel um eines der wenigen verbliebenen Gebäude handelte, die von Görings Gut erhalten waren. Jetzt erst recht. Ich sah meinen Aufenthalt auch als eine Sieg der Demokratie und der freien Welt. Jetzt sitze ICH hier auf der Terrasse und schaue auf die dunklen, dichten Bäume, die nur wenig von dem blauen glitzernden Wasser des Sees erahnen lassen. Ich bin kein Klimawandel Leugner, aber in diesem Sommer scheint sich der Klimawandel auch im Corona Lock Down zu befinden. Für den August ist es viel zu kühl. Vielleicht schaffe ich es aber doch noch zu einem Bad im See.

Mein Onkel Hermann der Mann meiner Tante Leni, eine Schwester meiner Mutter, stammte aus Mecklenburg. Es wurde bei Familientreffen viel erzählt, von Gütern und reicher Landwirtschaft und den Fischgründen in den Seen der Müritz. Niemand an diesen Kaffeetafeln, außer Onkel Hermann hatte dieses Land jemals gesehen. Es war weiter weg als Afrika und das war schon fast unerreichbar. Man sprach über den Heimatort der Familie des Onkels, **Vietmannsdorf!** Dieser Onkel, den ich sehr gern hatte und der im Jahr 2013, mit 95 Jahren, für immer von uns gegangen ist, hat seinen Sehnsuchtsort schon früh verlassen und lebte viele Jahre mit der Familie seiner Frau, Tante Leni, in Ostpreußen. Auch nach dem Krieg ist er wohl nicht mehr in die DDR gereist, um nach seinen „Gütern" zu schauen. Lieber Onkel Hermann, **Vietmannsdorf** ist wirklich sehr schön, man muss nur genau hinschauen, um es nicht zu verfehlen. Es liegt mitten in der Schorf Heide ca. 8 Kilometer von Templin entfernt. Seit mehr als 750 Jahren versteckt es sich im dunklen Grün der Schorf Heide und die 362 Einwohner sind nicht besonders begeistert, wenn Neugierige in dem beschaulichen kleinen Flecken herumstreuen. Besonders Neugierige aus dem Westen erwecken immer noch Argwohn.

Dieses kleine Gedicht von Franz von Holltzendorff beschreibt dieses Kleinod, wie ich finde seht gut.

Hier für dich mein lieber Onkel Hermann:

Du stilles Dorf im märk schen Sande

Wie liegst du ferne von dem Leben Hast.

An deines Waldes blühndem Rande

Bist du ein Bild des Friedens und der Rast.

Damit ist **Vietmannsdorf** sehr gut beschrieben. Jetzt im Alter kann ich meinen Onkel verstehen. Verstehe den Wunsch nach Sommerwiesen, auf denen sich Massen von Insekten tummeln, dunklen Wäldern. Feldraine mit wuchernden Kräutern, Kamille, Margeriten Kornblumen und Klatschmohn. Nach den Bildern der Kindheit Bilder die in der Seele bleiben.

In Neuruppin stattete ich meinem Schriftsteller Kollegen Theodor Fontane eine Besuch ab. Die Apotheke seiner Eltern existiert noch, aber im neuen Gewand unterscheidet sie sich nicht mehr von allen anderen Apotheken im Land. Fontane selbst traf ich an seinem Denkmal. Er sitzt dort und blickt in Gedanken versunken, auf seine schöne Stadt. Die jetzt wieder voller Leben ist. Ich setzte mich eine Weile zu ihm, und in meinen Gedanken erzählte ich ihm von meiner eigenen Wanderung durch die Mark Brandenburg.

Brandenburg hat mich begeistert. Nirgendwo in Deutschland habe ich so viel Natur und unberührt Flächen gesehen wie hier. Kleine noch verschlafene Städtchen und Dörfer, die zwei Diktaturen überlebt haben und doch ihren eigenen Reiz behalten haben. Brandenburg zu beschreiben, wie ich es erlebt habe, wird wohl ein eigenes Buch werden.

Aber über einen Ort muss ich berichten. Ich hoffe sehr, dass später geborene Leser, dieses Erlebnis auch noch teilen können. Aber es steht zu befürchten, dass es die Nähe zu Berlin und die Ausbreitung der Hauptstadt, tief hinein in das flache Land, einmal unmöglich machen zu sehen war ich gesehen habe. Lichtverschmutzung heißt das Problem, mit dem sich immer mehr Länder auseinander setzen müssen.

Nachdem ich mich vom Döllnsee, Templin und Neuruppin und der Schorf Heide verabschiedet hatte, fuhr ich zurück in Richtung Heimat. Eine letzte Station sollte das Westhavelland sein. Eine liebliche Bauernlandschaft, mit großen und kleinen versteckten Seen. Auf dem sprichwörtlichen Sandboden, Felder im ökologischen Anbau, mit Getreide und Kartoffeln. Fruchtbares Land in einer wasserreichen Gegend. Das Westhavelland ist längst Naturschutzgebiet und das ist gut so. Wassersport und Wandern stehen bei Touristen ganz oben auf der Liste. Trotzdem ist

Brandenburg noch ein Geheimtipp. Touristenströme und Pulk Bildung sieht man nicht.

Um die kleine Kreisstadt Rathenow herum, liegen sieben oder acht kleine Ortschaften, die sich zu einem Sternenpark zusammengeschlossen haben. Weite Ackerflächen, wenige Straßen, dunkle Wälder und Wasserflächen, alles ohne nennenswerte Industrie. So bleiben die Orte nachts meist im Dunkeln. Das sind die besten Voraussetzungen, um den Nachthimmel zu beobachten und den Sternenhimmel so zu betrachten, wie man ihn an anderen Orten nicht mehr oft sehen kann. Ich fand es sehr angenehm, dass ich mich auf eigene Faust mitten hinein in die Nacht aufmachen konnte, um die Sterne zu sehen. Einige geführte Touren werden schon von Vereinen der Sterngucker angeboten. Aber jetzt, während der Pandemie, sind nur wenige Besucher vor Ort und jeder ist auf sich selbst gestellt. Bei Tageslicht suche ich mir eine gepflasterte Stelle in einem Feld aus, hier darf man tatsächlich stehen bleiben und den Himmel betrachten. An dem einem oder anderen Plätzchen stand auch eine Bank, aber die benötige ich nicht. Ich hatte ja einen bequemen

Campingstuhl dabei. Im Winter ist es sicher praktischer, es wird früh dunkel und man muss nicht bis in die Nacht hinein warten. Man läuft aber Gefahr, dass eine dicke Wolkendecke die Sicht versperrt. Eine klare, frostige Januarnacht, wäre ideal. Aber wer will schon stundenlang, in frostiger Kälte auf einem Feld verbringen. Jetzt im August wird es etwas später dunkel, aber die Wahrscheinlichkeit, neben der Milchstraße und ihren Sternen auch noch die Sternschnuppen der Leoniden Schwärme beobachten zu könne, ist sehr groß.

Also kurz vor ein Uhr nachts machte ich mich auf den Weg. Ich hatte Glück, es war Neumond, und es war auch wirklich dunkel. Die Bewohner schalten am Abend jegliche Außenbeleuchtung ab. Straßenlaternen gibt es auch nicht. Meine Autoscheinwerfer sind die einzigen Lichtquellen und natürlich weithin zu sehen. Hin und wieder sah ich in der Ferne die Scheinwerfer eines anderen Fahrzeuges, auf Menschen traf ich nicht. Ich fand mein Plätzchen und stellte im Schein meiner Taschenlampe den Campingstuhl auf. Eine warme Decke hatte ich auch, hätte nicht gedacht, dass es so frisch sein würde. Ein paar Kekse und Wasser daneben und dann löschte ich die Taschenlampe. So ganz allein wurde mir etwas seltsam mulmig, dass hier war nichts für Angsthasen und Bangbüxen. Aber nachdem sich meine Augen an die Dunkelheit gewöhnt hatten, konnte ich meine Umgebung ganz gut sehen. Dann der Blick in den Himmel. Ich war überwältigt. Die Milchstraße war am Himmel deutlich zu sehen. Die Sterne blinkten wie glitzernde weiße Diamanten, aber auch in Rot und Blautönen. Sie waren kleiner, als ich sie in der Erinnerung hatte. Die Sternenhimmel in der judäischen Wüste und im Wadi Rum sind mir unvergessen. Dort sahen die Sterne eher weiß aus und wirkten so groß, als könne man sie, wie Christbaumkugeln, vom Himmel abpflücken. Das Himmelsbild hier war anders, Das Himmelszelt hatte eine gewisse Grundfarbe, die an Rost erinnerte. Die Sterne darin waren darin so klar zu sehen, wie in einem Planetarium. Ich konnte meinen Blick nicht abwenden, merkte aber bald, dass ich nicht ganz allein auf dem Feld war. Motten, Falter und Insekten die die Nacht bevorzugen umschwirrten mich. Es ist schon ein bisschen gewöhnungsbedürftig, wenn eine dicke Motte direkt vor den Augen flattert und dabei gegen Stirn und Wangen stößt. Zweieinhalb Stunden vergingen wie im Flug, dann sehr vorsichtig, fast unmerklich ließ sich am Horizont ein schmaler, heller Schein erahnen, der sich ausdehnte und die Welt in blasses Licht tauchte. Die ersten frühen Vögel sangen und die fliegenden Geschöpfe der Nacht hatten sich zurückgezogen. Die Sonne schickte sich an, die Welt wieder in ihr helles, lebendiges Licht zu tauchen und schob langsam im Osten ihren golden glühenden Feuerball in den Himmel. Ich packte meine Sachen und fuhr zu meinem Hotel zurück. Ich hatte ein wunderbares Erlebnis genossen. Ich hoffe sehr, dass noch viele Menschen den Himmel so sehen dürfen. Aber leider schreitet die Lichtverschmutzung stetig weiter fort und es steht zu befürchten, dass der Himmel bald nicht mehr uneingeschränkt betrachtet werden kann, und seine Genheimnisse dem bloßen Auge mehr und mehr verborgen bleiben.

Doch bevor der Sternenpark lockte, ging es vorher noch zu einem, seit vielen Jahren bekannten Ort im Havelland. Der Gutshof des Herrn von Ribbeck auf Ribbeck im Havelland, ein Birnbaum in seinem Garten stand. Dieser Literarische Ort ist ein Muss für jeden Brandenburg Reisenden.

Das Schloss ist wieder renoviert und hergerichtet. Ein gutes Restaurant lädt zum Verweilen bei guten Speisen ein und das kleine Museum birgt eine kleine Überraschung. Den Eingang zum Museum versperrt eine, den ganzen Vorraum ausfüllende Birne. Betritt man nun durch einen Seiteneingang das Museum, erkennt man, dass diese Birne hohl ist. Es befinden sich Sitze darin und man kann über Kopfhörer etwas zum Gut, über die kleine Kirche und die Umgebung des Gutes erfahren. Alles begleitet mit den literarischen Hinweisen des Theodor Fontane, der auch das bekannte Gedicht über den Herrn von Ribbeck schrieb.

Ich dem alten Waschhaus direkt vor der ehem. Ziegelbrennerei des Gutes werden gute Birnenbrände und nebst anderen Köstlichkeiten, auch eine hervorragender Birnenessig zur Verkostung und zum Kauf angeboten.

In früherer Zeit stand direkt neben dem Kirchlein, nahe der Grablege der Ribbecks, tatsächlich ein Birnenbaum. Die Legende berichtet, er sei in einer Sturmnacht umgeweht und abgebrochen. Der Baumstumpf stand dann viele Jahre, zur stillen Mahnung, in der Kirche. Jetzt befindet sich dieser Baumstumpf irgendwo? Ich habe ihn jedenfalls nicht mehr gesehen. Allerding haben Fontane Freunde bereits einen neuen Birnensetzling angepflanzt, und vielleicht spendet ja auch in der Zukunft wieder Segen die Hand, des von Ribbeck auf Ribbeck im Havelland.

Im Zug

Ich reise sehr gern mit dem Zug. Verspätungen und volle Bahnsteige nehme ich in Kauf. Auf den Straßen und Autobahne geht es ja, nicht nur in Ferienzeiten, auch ziemlich voll zu. Stopp an Go im Stau ist, mit einem Fuß auf dem Gaspedal und mit dem anderen ständig auf der Bremse, auch nicht der Spaß den macht sucht. Da ich, als Pensionärin, langfristig planen kann, gönne ich mir die vergünstigte Zugfahrt in der 1. Wagen Klasse. Etwas breitere Sitze, reservierte Platze und weniger Auslastung machen das Bahnfahren für mich attraktiv.

Sehr gern beobachte ich meine Mitreisenden und das kann sehr unterhaltsam sein und es verkürzt die manchmal langweilige Reisezeit.

Sehr gut in meiner Erinnerung ist meine Reise zum Ostsee Heilbad Heiligendamm in Mecklenburg- Vorpommern. Der schnelle ICE brachte mich bis Hamburg und dann ging die Fahrt weiter mit dem älteren Modell eines Vorortzuges, immer an der Küste entlang. Durch Städte und Ortschaften, die man nicht unbedingt kennen muss. Die Bahn hielt, gefühlt an jedem Bahnhof.   I
Im Abteil saß, mit mir, eine Mutter mit ihren

drei Kindern. Die Kinder waren, wie es vielleicht viele Kindern sind, nicht so besonders begeistert von dem so dahin zuckelnde Bummelzug. Sie quengelten und versuchten sich durch herumlaufen und ständige Fragen, wann diese Fahrt endlich ein Ende sei, die Zeit zu verkürzen. Die Mutter, bereits am Ende ihre Nervenstärke angekommen, hoffte nur noch auf die Toleranz der Mitreisenden, die aber auch schon auf einen Schlussakkord zusteuerte. Besonders einer der Jungen erprobte die Geduld seiner Mitmenschen in hohem Maße. Er sprang über Sitze und drehte an der manuellen Einstellung der Heizung, stellte viele Fragen und forderte die Antworten lautstark, auch mit frechen Bemerkungen ein, wenn er nicht die nötige Aufmerksamkeit erhielt. Mit dem schwinden ihrer Kräfte, sank auch die Gegenwehr der Mutter und sie ließ es zu, dass er sich auf dem Gang zwischen den Abteilen ein neues Betätigungsfeld suchte. Dass erschien zunächst eine gute Idee, denn im Gang wurde es ruhig bis, plötzlich ein Ruck durch den Zug ging und verbunden mit lautem Quietschen kam der Zug mitten auf der Strecke, zwischen zwei kleinen Städten, abrupt zum Stehen. Nach ersten ängstlichen Schreien, folgte ärgerliches Schimpfen. Einige Mitreisende hatten sich durch herabfallende Taschen leicht, aber nicht erheblich verletzt, andere hatten den Halt verloren und sind von ihren Sitzen gerutscht. Was war passiert? Noch vor den aufgebrachten Menschen im Zug, hatte der herbei geeilte Schaffner den Übeltäter ausgemacht. Der junge Mann hatte die Gunst Stunde genutzt und die Notbremse gezogen. Der Schaffner behob den Schaden und übergab den Delinquenten in die mütterliche Obhut. Sie war ziemlich verärgert, aber nicht über ihren Sohn, ihr Ärger traf die Mitmenschen, die sich über ihren Filius beschwerten. Die aufgebrachte Diskussion endete, als Mutter und Kinder sich anschickten an ihrem Zielort auszusteigen. Mit Gepäck und Kindern stand die Dame im Gang und als der Zug in den Bahnhof eingefahren war und stoppte, suchte sie Halt an dem großen Feuerlöscher, der an der Wand vermeintlich fest angebracht war. Aber dieser ca. 80 cm hohe Feuerlöscher löste sich aus seiner Halterung und fiel der Unglücklichen auf den Fuß und sie stöhnte im Schmerz auf und strauchelte. Der freundliche Schaffner und ein paar hilfsbereite Mitreisende halfen ihr wieder auf die Beine und verwundert stellte man fest, dass Jemand die Schutzhalterung für den Feuerlöscher gelöst hatte. Der Schuldige stand gleich neben ihr. Der aufgeweckte jugendliche Forscher hatte sich schon an der Halterung zu schaffen gemacht, bevor er die Notbremse gezogen hatte.

Aus dem Fenster konnte ich einen Blondschopf beobachten, der geschickt den Händen seiner, Ohrfeigen verteilenden, Mutter auswich. Das gelang ihm ganz gut, denn die Mutter konnte nur humpelnd den Bahnsteig verlassen.

In einem anderen Zug

Manchmal erlebt man während einer eher langweiligen Zugfahrt, doch noch ein, wenn auch ein wenige dekadentes Vergnügen.

Wenn ich mit dem Zug reise, dann fahre ich sehr gern in der ruhigen ersten Wagenklasse. Das klingt dekadent, ist aber nicht unbedingt so teuer, wie man vermuten könnte. Also ich hatte mir für die Fahrt, nach und von Rügen, wieder ein solches Ticket gegönnt. Es gilt auch in den, gerne benutzen, Regionalzügen dieser Küstenregion..

Am Bahnhof in Rostock stiegen ungewöhnlich viele Reisende in den Zug, der nach Hamburg fuhr, ein. Unterwegs wurden es noch mehr und diese Reisenden schienen alle das gleiche Ziel anzusteuern. In bunter Sommer Kleidung, die Damen in kurzen Miniröcken und Kleidern mit großen bunten Blumenmustern. Die Herren in entsprechenden Jacken und Schlaghosen. Viele hatten auch Kühltaschen mit diversen alkoholischen Getränken dabei. Den CD Player direkt in der Hand, aus dem lautstarke, mir auch wohlbekannte Schlagermusik aus den 70 Jahren herausdröhnte. Diese Leute waren auf einer

Pilgereise zu einem 70 Jahre Schlagerspezial in Hamburg.

Der Zug war bald erfüllt vom dem lauten Gesang und Gesprächen. Alkoholdünste und weinselige, unpassende oder freche Äußerungen der Fans eingeschlossen.

Ich war froh in der ersten Klasse zu sitzen, denn bis zu uns in den hinteren Wagen verlief sich kaum Jemand. Ein junges Paar, ein Teenager und ein junger Mann mit drei sehr teuer aussehen Lederkoffern, waren die Gäste in meinem Abteil Der junge Mann hatte seinen großen Koffer, der Bequemlichkeit halber, vor der Durchgangstür abgestellt. Dort störte er eigentlich nicht. Bis, ja bis auch an diesem Eingang vier Schlagerfreunde zustiegen. Sie bemerkten, dass ein Weiterkommen hier entweder nur noch nach rechts, in den schon mehr als überfüllten Zug ging, oder nach links in die erste Wagenklasse möglich war. Es wäre durchaus möglich gewesen, sich hier einen Sitzplatz zu nehmen und gegebenenfalls einen geringen Aufschlag auf das Ticket zu zahlen, Aber sich ruhig und respektvoll zu verhalten, nein, das wollten sie nicht. So blieben sie in dem kleine Vorraum zwischen Abteiltüren stehen, drehten die mitgebracht Musik noch etwas lauter und tanzten weinselig und grölten, völlig am Takt und Rhythmus vor, zur Musik mit. Ich saß mit dem Gesicht zur Tür und fühlte mich fast wie in einem Kleinkunsttheater. Die vier Protogonisten ließen keine Peinlichkeit aus. Knutschten, tranken, sangen und zogen Grimassen, wenn ein Fahrgast ihnen zusah. Dann allerdings wurde es dem Rädelsführer der Gruppe, ein etwas älterer, korpulenter Herr wohl doch zu anstrengend und er setzte sich auf den teuren Lederkoffer, der neben ihm im Vorraum stand und sich offensichtlich als Sitzgelegenheit anbot. Das gefiel dem Kofferbesitzer gar nicht und er sprang auf und verscheuchte den ungebetenen Sitzblockierer und drohte tatsächlich mit Prügel, wenn die Gruppe sich nicht endlich ordentlich benehme. Das ließ der Schlagerfan nicht auf sich sitzen und tanzte grinsend im Schlagertakt um das teure Gepäckstück herum, bis der Zug in einen Bahnhof einfuhr und zum stehen kam, langsam und auch nicht ganz unvorhersehbar, aber für den Schlagerfan doch zu plötzlich. Der wilde Tänzer verlor den Halt und das mittlerweile warme Bier in seiner Hand schäumte auf und quoll nach allen Seiten spritzend aus seiner Dose. Der größte Teil des Gerstensaftes ergoss sich über den ledernen Koffer. Der junge Mann, er kam offensichtlich aus Russland, wie man an der Schimpfkanonade in russischer Sprache erahnen konnte, war außer sich und nur mit Mühe konnten zwei Schaffner eine Prügelei verhindern. Das Bier hatte sich nicht nur über dem Koffer verteilt, es war auch durch den Türspalt in das Abteil gedrungen. Wir haben alle etwas davon abbekommen. Leider zu wenig für einen ähnlichen Rausch, wie ihn unser Vortänzer hatte. Dieser war nach hinten gestürzt und nur mit vereinten Kräften konnten mehrere Leute ihm aufhelfen. Den Rest der Fahrt saß er auf dem Fußboden und hielt sich den wohl dröhnenden Kopf. Das mit LED Lämpchen bestückte, blinkende Hütchen das er zu Beginn der Fahrt so keck auf dem Kopf trug, war verrutscht und hing über einem Ohr herab. Ein Bild des Jammers stieg im Hamburger Hauptbahnhof aus dem Zug, geführt von zwei Damen mittleren Alters in H und Miniröcken.

Ich hätte gegebenenfalls auch einen kleinen Zuschlag für dieses Unterhaltungsprogramm gezahlt, wenn denn ein Schaffner vorbei gekommen wäre.